WALTER KARDINAL KASPER

Wegweiser Ökumene und Spiritualität

WALTER KARDINAL KASPER

Präsident
des Päpstlichen Rates zur Förderung
der Einheit der Christen

Wegweiser
Ökumene und
Spiritualität

HERDER

FREIBURG · BASEL · WIEN

© Walter Kardinal Kasper 2006

Deutschsprachige Fassung:
Aus dem Englischen übertragen von
Thomas Jürgasch und Ulrich Sander

Alle Rechte der deutschsprachigen Ausgabe vorbehalten
© Verlag Herder Freiburg im Breisgau 2007
www.herder.de

Umschlagmotiv: Christusmonogramm (Ausschnitt),
Mosaik vom Baptisterium in Albenga,
2. Hälfte des 5. Jahrhunderts

Satz: SatzWeise, Föhren
Druck und Bindung: fgb · freiburger graphische betriebe
www.fgb.de

Gedruckt auf umweltfreundlichem,
chlorfrei gebleichtem, säurefreiem Papier
Printed in Germany

ISBN 978-3-451-29579-9

INHALT

An die Leserinnen und Leser

Die Suche nach Einheit unter den Christinnen und Christen äußert sich vor allem darin, die Sehnsucht nach ihr wachzuhalten und das Gebet um sie zu pflegen. Diese Suche richtet ihren Blick auf Jesus, der sein Leben hingegeben hat, auf dass es »eine Herde und einen Hirten« (Joh 10,16) gebe, und der gebetet hat, »dass sie alle eins seien« (Joh 17,21). Viele haben erkannt, dass der ökumenische Einsatz, wenn er nicht darin seinen Ankerplatz sucht, Gefahr läuft, seinen Schwung und seine Hoffnung zu verlieren und stattdessen angesichts unserer menschlichen Begrenztheiten zum Stillstand kommt.

Sehr glücklich bin ich, diesen »Wegweiser Ökumene und Spiritualität« vorlegen zu können; denn die geistliche Ökumene ist die Seele der ökumenischen Bewegung. Dieser Text ist die Frucht vieler anregender Erfahrungen, an denen teilzuhaben mir über die vergangenen Jahre hin vergönnt gewesen ist. Seine Gestalt gefunden hat der Text auch durch die Beiträge zahlreicher Personen und Gruppen, deren Wunsch es ist, ihre gelebte Erfahrung und ihre Intuitionen im Bereich der geistlichen Ökumene mit anderen zu teilen.

Dieses Buch will eine praktische Hilfestellung sein und eine herzliche Einladung an alle, die sich die Einheit unter den Christinnen und Christen zu einem Herzensanliegen gemacht haben. Meine Hoffnung ist, es möge dazu beitragen, dass wir in immer unverbrüchlicherer Einheit mit unseren Brüdern und Schwestern verbunden sind, im gemeinsamen Gebet versammelt um Christus, unseren einen Herrn.

Walter Kardinal Kasper

VORWORT

EIN WEGWEISER

1   Der vorliegende Wegweiser enthält praktische Vorschläge, die darauf abzielen, jene geistliche Ökumene umzusetzen und zu stärken, die das Herz und die innere Mitte aller
Anstrengungen ist, die getrennten Christinnen und Christen wieder in Einheit zusammenzubringen. Der Gedanke,
einen solchen Wegweiser zu verfassen, geht ursprünglich
auf eine Vollversammlung des *Päpstlichen Rates zur Förderung
der Einheit der Christen* zurück, die im Jahr 2003 stattfand und
in deren Mittelpunkt das Thema der ›geistlichen Ökumene‹
stand.[1] Während dieser Sitzung sprachen die Bischöfe die
Empfehlung aus, ein kurzes Handbuch oder einen Wegweiser *(Vademecum)* anzufertigen; dieser sollte diejenigen, die in
einer besonderen Verantwortung für die Förderung der Einheit der Christen stehen, dazu einladen, die geistliche Ökumene tiefer zu verwurzeln, und dazu Vorschläge vorlegen.
Im November 2004 wurde ein erster Entwurf im Rahmen
einer internationalen Konferenz in Rocca di Papa zur Dis-
kussion gestellt; diese Konferenz wurde vom *Päpstlichen Rat
zur Förderung der Einheit der Christen* zur Feier des vierzigsten
Jahrestages des Ökumenismusdekrets *Unitatis redintegratio*
des Zweiten Vatikanischen Konzils veranstaltet. Auf der
Grundlage von Vorschlägen der Konferenzteilnehmerinnen
und -teilnehmer und daran anschließenden Anregungen,
die durch örtliche ökumenische Gruppen eingebracht wur-

---

[1]   Vgl. Päpstlicher Rat zur Förderung der Einheit der Christen, *Information Service* (IS) 115 (2004/ I–II), S. 23–29.

9

den, ist der vorliegende Text zur Veröffentlichung vorbereitet worden.

2 Seine Grundlagen hat dieser Wegweiser in den Dokumenten des Zweiten Vatikanischen Konzils, und zwar insbesondere in den Texten *Dei verbum*[2], *Lumen gentium*[3], *Unitatis redintegratio*[4], *Orientalium ecclesiarum*[5] und einigen späteren Dokumenten, die den Einsatz der katholischen Kirche bei ihrem Streben nach der Einheit der Christen geprägt haben. Dies beinhaltet die *Codices* des kanonischen Rechts[6], die Enzyklika *Ut unum sint*[7], den *Katechismus der Katholischen Kirche*[8] und vor allem das *Direktorium für die Anwendung von Prinzipien und Normen in der Ökumene*[9]. Die Anwendung der in diesen Dokumenten enthaltenen Lehren, Richtlinien und Normen auf den Bereich der geistlichen Ökumene ist das zentrale Anliegen des vorliegenden Textes.

3 Dieser Wegweiser richtet sich an alle, denen die Wiederherstellung der Einheit der Christen ein Herzensanliegen ist.

---

[2] Zweites Vatikanisches Konzil, Dogmatische Konstitution über die göttliche Offenbarung *Dei verbum* (DV) [1965].

[3] Zweites Vatikanisches Konzil, Dogmatische Konstitution über die Kirche *Lumen gentium* (LG) [1964].

[4] Zweites Vatikanisches Konzil, Dekret über den Ökumenismus *Unitatis redintegratio* (UR) [1964].

[5] Zweites Vatikanisches Konzil, Dekret über die katholischen Ostkirchen *Orientalium ecclesiarum* (OE) [1964].

[6] Sowohl der *Codex Iuris Canonici* (CIC) [1983] als auch der *Codex Canonum Ecclesiarum Orientalium* (CCEO) [1990].

[7] Papst JOHANNES PAUL II., Enzyklika *Ut unum sint* über den Einsatz für die Ökumene [1995].

[8] *Katechismus der Katholischen Kirche* (KKK) [1993] [revidierte dt. Ausgabe 2003].

[9] Päpstlicher Rat zur Förderung der Einheit der Christen: *Direktorium für die Anwendung von Prinzipien und Normen in der Ökumene* (Direktorium) [1993].

Er kann dabei insbesondere für jene Menschen eine Hilfe sein, die auf den verschiedenen Ebenen kirchlichen Lebens Verantwortung für die Förderung der Einheit der Christen tragen. Beim Zurückgreifen auf die in diesem Wegweiser angegebenen Hilfsmittel ist allerdings ein Bewusstsein dafür erforderlich, dass sich das, was in bestimmten Zusammenhängen geeignet ist, in anderen Kontexten als unangemessen erweisen kann; dass das, was an einer Stelle hilfreich ist, an einer anderen kontraproduktiv sein mag. Im Licht der Umstände vor Ort und der auf lokaler oder nationaler Ebene gefällten Entscheidungen wird eine derartige Beurteilung unter der Leitung des Ortsbischofs vorzunehmen sein, dessen Aufgabe es ist, das Volk Gottes zu führen, auf dass es Mittel und Wege finde, mit deren Hilfe die Einheit der Christen in der jeweiligen Diözese konstruktiv gefördert werden kann.[10]

Mit der Herausgabe dieses Textes sprechen wir eine herzliche Einladung an die Christen anderer Traditionen aus, um sie zu ermutigen, sich im Gebet und den in diesem Dokument empfohlenen spirituellen Aktivitäten mit ihren katholischen Brüdern und Schwestern zusammenzuschließen, insoweit dies in Einklang mit ihrer eigenen religiösen Praxis steht. Jedes Mal, wenn wir uns zum gemeinsamen Gebet zusammenfinden, jeder Akt, in dem wir gemeinsam Zeugnis ablegen, ja gewiss jedweder Akt spiritueller Gemeinschaft ist ein Geschenk des Heiligen Geistes, der uns zusammenschließt und uns dazu befähigt, dem Wunsch unseres Herrn nach Einheit sichtbaren Ausdruck zu verleihen.

---

[10] Vgl. UR 8; Direktorium 164.

GEISTLICHE ÖKUMENE

»Diese Bekehrung des Herzens und die Heiligkeit des Lebens sind zusammen mit den privaten und öffentlichen Bittgebeten für die Einheit der Christen als Seele der ganzen ökumenischen Bewegung zu erachten und können zu Recht geistlicher Ökumenismus genannt werden.«[11]

4   Am Abend vor seinem Leiden und seinem Tod betete Jesus: »*Alle sollen eins sein: Wie du, Vater, in mir bist und ich in dir bin, sollen auch sie in uns sein, damit die Welt glaubt, dass du mich gesandt hast*« (Joh 17,21). Es ist bedeutungsvoll, dass Jesus seinen Wunsch nach Einheit nicht in einem Lehrsatz oder in einem Gebot an seine Jünger zum Ausdruck gebracht hat, sondern in einem an seinen Vater gerichteten Gebet. Einheit ist ein Geschenk von oben, das der liebevollen Gemeinschaft des Vaters, des Sohnes und des Heiligen Geistes entstammt und dieser entgegenwächst. Das christliche Gebet um Einheit ist ein demütiges, zugleich vertrauensvolles Einstimmen in das Gebet Jesu, der verheißen hat, dass jedes in seinem Namen gesprochene Gebet vom Vater erhört werde.[12]

5   Geistliche Ökumene findet ihren Ausdruck in »*öffentlichen und privaten Bittgebeten für die Einheit der Christen*«. Da diese Einheit ein Geschenk ist, ist es angemessen, dass Christen gemeinsam für sie beten: »*Solche gemeinsamen Bitten sind ein sicherlich sehr wirksames Mittel, die Gnade der Einheit zu erlangen, und ein echtes Zeichen der Bande, durch die die Katholiken mit den getrennten Brüdern immer noch verbunden werden:* ›*Wo nämlich zwei oder drei in meinem Namen versammelt sind, da bin*

---

[11] UR 8; vgl. Direktorium 63.
[12] Vgl. Joh 15,7.

ich in ihrer Mitte‹ (Mt 18, 20).«[13] Das Gebet für die Einheit stellt den Königsweg zur Ökumene dar: Es leitet Christen zu einem neuen und unverbrauchten Blick auf das Reich Gottes und die Einheit der Kirche an; zudem festigt es das Band ihrer Gemeinschaft und befähigt sie dazu, sich schmerzhaften Erinnerungen, sozialen Belastungen und menschlichen Schwächen mutig zu stellen. In jedem Zeitalter waren Menschen des Gebetes und der Kontemplation die hauptsächlichen Bauleute von Versöhnung und Einheit und inspirierten die getrennten Christen dazu, sich von neuem zu verpflichten, den Weg der Einheit zu gehen.

6 Geistliche Ökumene erfordert eine *»Bekehrung des Herzens und die Heiligkeit des Lebens«,* die aus Jesu Ruf zur Umkehr erwächst.[14] Der Weg hin zu Versöhnung und Gemeinschaft tut sich dann auf, wenn Christen die schmerzliche Wunde der Trennung in ihrem Herzen, ihrem Geist und ihrem Gebet empfinden. Diese Erfahrung schenkt ihnen ein Bewusstsein dafür, wie viel Schaden durch Stolz und Selbstsucht, durch Polemik und Verurteilungen und durch Geringschätzung und Anmaßung entstanden ist. Darüber hinaus ruft sie in ihnen die Bereitschaft dazu wach, eine ernsthafte Gewissensprüfung vorzunehmen, indem sie die eigenen Fehler erkennen und der versöhnenden Kraft des Evangeliums vertrauen. Nur auf der Grundlage der Umkehr und der Erneuerung des Geistes können die verletzten Bande der Gemeinschaft geheilt werden.[15]

7 Geistliche Ökumene wird schließlich als *»die Seele der ganzen ökumenischen Bewegung«* bezeichnet. Gemäß dem

---

[13] UR 8; vgl. *Ut unum sint* 21f.
[14] Vgl. Mk 1,14–15; UR 7; *Ut unum sint* 15ff.; 33f., 84f.
[15] Vgl. *Ut unum sint* 82.

Zweiten Vatikanischen Konzil ist die ökumenische Bewegung »*durch die Anhauchung der Gnade des Heiligen Geistes*«[16] entstanden. Es handelt sich dabei um einen spirituellen Prozess, der sich im treuen Gehorsam gegenüber dem Vater, in der Befolgung des Willens Christi und unter der Führung des Heiligen Geistes vollzieht. So ist die Arbeit der Ökumene in den Fundamenten christlicher Spiritualität verwurzelt und erfordert infolgedessen mehr als nur kirchliche Diplomatie, akademischen Dialog, soziales Engagement und pastorale Zusammenarbeit. Sie setzt eine echte Wertschätzung der vielfältigen Elemente der Heiligung und Wahrheit voraus, die durch den Heiligen Geist sowohl innerhalb als auch außerhalb der sichtbaren Grenzen der katholischen Kirche bewirkt werden. Die Worte des Psalmisten gelten für alle Anstrengungen, die für die Einheit der Christen unternommen werden: »*Wenn nicht der Herr das Haus baut, müht sich jeder umsonst, der daran baut. Wenn nicht der Herr die Stadt bewacht, wacht der Wächter umsonst*« (Ps 127, 1).

IN DER GEMEINSCHAFT WACHSEN

»Diejenigen nämlich, die an Christus glauben und die Taufe in der rechten Weise empfangen haben, werden in eine gewisse, wenn auch nicht vollkommene Gemeinschaft mit der katholischen Kirche gestellt. In der Tat stellen sich wegen der Unstimmigkeiten, die auf vielfältige Weisen zwischen ihnen und der katholischen Kirche sowohl im Bereich der Lehre und bisweilen auch dem der Disziplin als auch bezüglich der Struktur der Kirche herrschen, der vollen kirchlichen Gemeinschaft nicht wenige Hindernisse entgegen, bisweilen

---

[16] UR 4; vgl. UR 1.

schwerwiegendere, um deren Überwindung die ökumenische Bewegung bemüht ist.«[17]

8 Mit Freude und Dankbarkeit können Christen sagen: »*Das, was uns verbindet, ist viel stärker als das, was uns trennt.*«[18] Alle Christen bekennen ihren Glauben an Gott, den Vater, den Allmächtigen, an Jesus Christus, den Sohn Gottes und Erlöser, und an den Heiligen Geist, den Beistand, den Spender des Lebens und der Heiligkeit. Durch das Sakrament der Taufe sind sie wiedergeboren und vereint mit Christus. Sie ehren die Heilige Schrift als das Wort Gottes und als beständige Norm des Glaubens und Handelns. Sie haben teil am Gebet und bedienen sich vieler anderer gemeinsamer Quellen des spirituellen Lebens. Viele Christen erfreuen sich eines Episkopats, feiern die Eucharistie und pflegen die Verehrung Marias, der jungfräulichen Gottesmutter.[19] Die heiligmachende Kraft des Heiligen Geistes ist unter ihnen allen wirksam und stärkt sie in Heiligkeit. Es ist der Heilige Geist, der den Christen vieler Traditionen in Situationen der Verfolgung Stärke verliehen hat bis hin zum Märtyrertod. Diese Elemente der Gemeinschaft, die »*von Christus herkommen und zu ihm hinführen, gehören zu Recht zu der einzigen Kirche Christi*«[20].

9 Das Zweite Vatikanische Konzil versteht die Kirche in erster Linie als Gemeinschaft. Es lehrt, dass die Kirche Christi »*in der katholischen Kirche subsistiert*«, während es anerkennt, dass außerhalb der sichtbaren Grenzen der katholischen Kirche sich »*mehrere Elemente der Heiligung und der*

---

[17] UR 3; vgl. KKK 820–822; 836–838; Direktorium 9–21.
[18] So Papst Johannes XXIII., vgl. *Ut unum sint* 20.
[19] Vgl. *Ut unum sint* 12.
[20] UR 3; vgl. *Ut unum sint* 13; KKK 817–819.

Wahrheit finden, die als der Kirche Christi eigene Gaben auf die katholische Einheit hindrängen«[21]. Die Kirche Christi ist keine noch ausstehende zukünftige Wirklichkeit, die es erst zu realisieren gilt; sie besteht bereits in einer konkreten geschichtlichen Form. Dies gilt ebenfalls für die Einheit der Kirche, von der die katholische Kirche glaubt, »*dass sie unverlierbar in der katholischen Kirche besteht, und hofft, dass sie bis zur Vollendung der Weltzeit von Tag zu Tag wachse*«[22]. Obwohl sie nicht in voller Gemeinschaft mit der katholischen Kirche stehen, bewahren andere Kirchen und kirchliche Gemeinschaften tatsächlich eine gewisse Gemeinschaft mit ihr, in vielfachen Abstufungen. Es ist diese Ekklesiologie der Gemeinschaft, die den Kontext für das Verständnis und die Förderung der Ökumene darstellt mit dem Ziel, »*die zwischen den Christen bestehende teilweise Gemeinschaft bis zur vollen Gemeinschaft in der Wahrheit und in der Liebe wachsen zu lassen*«[23].

10   Bestimmte Aspekte des christlichen Geheimnisses treten in anderen Kirchen oder kirchlichen Gemeinschaften bisweilen sogar wirkungsvoller zutage.[24] So hat sie der Heilige Geist mit besonderen Weisen der Lektüre und der Betrachtung der Heiligen Schrift, mit verschiedenen Formen des öffentlichen Gottesdienstes und der persönlichen Andacht und mit unterschiedlichen Ausdrucksformen des christlichen Zeugnisses und eines Lebens in Heiligkeit reich beschenkt. All diese Schätze des Ostens und des Westens, des Nordens und des Südens können zu Recht als Gaben des Heiligen Geistes an die eine Kirche Christi gewürdigt werden. Denn »*all das, was durch die Gnade des Heiligen Geistes*

---

[21]   LG 8; vgl. *Ut unum sint* 10.
[22]   UR 4; vgl. *Ut unum sint* 14.
[23]   *Ut unum sint* 14; vgl. Bibliographie: Ökumenische Dokumente über die Kirche.
[24]   Vgl. *Ut unum sint* 14.

bei den getrennten Brüdern bewirkt wird, [kann] auch zu unserer Erbauung beitragen«[25].

11   Indem sie Anteil an diesen spirituellen Schätzen gewinnt, vermag die katholische Kirche ihrer vollen Katholizität im wirklichen Leben besser Ausdruck zu verleihen und zu einem tieferen Verständnis der Mittel der Heiligung zu gelangen, die ihr der Herr anvertraut hat. Dieser *»Austausch der Gaben«* ist dabei einer der Wege, auf denen der Heilige Geist die Kirche *»in die ganze Wahrheit«* (Joh 16, 3) führt. Daher ist es nötig, Christen aufzufordern und zu bestärken, gemeinsam an spirituellen Aktivitäten teilzunehmen, um so von den gemeinsamen Schätzen Gebrauch zu machen und alles miteinander zu tun, was möglich ist, auf eine Weise und bis zu dem Grad, wie es in Hinsicht auf den gegenwärtigen Stand der Übereinstimmung angemessen ist.[26]

---

[25] UR 4.
[26] Vgl. UR 8.

1. DIE VERTIEFUNG DES CHRISTLICHEN GLAUBENS

DAS WORT GOTTES IN DER HEILIGEN SCHRIFT

»Die Hochachtung der Heiligen Schrift ist ein grundlegendes Band der Einheit zwischen den Christen, und dieses Band verbleibt auch dann, wenn ihre Kirchen und kirchlichen Gemeinschaften nicht in voller Gemeinschaft miteinander stehen. Alles, was getan werden kann, damit die Mitglieder der Kirchen und kirchlichen Gemeinschaften das Wort Gottes lesen, und zwar wenn möglich gemeinsam (zum Beispiel in der »Bibelwoche«), all das bekräftigt das Band der Einheit, das sie schon eint, öffnet sie dem einheitsstiftenden Handeln Gottes und bekräftigt das gemeinsame Zeugnis für das heilbringende Wort Gottes, das sie der Welt geben.«[1]

12   Aus seiner überströmenden Liebe redet der unsichtbare Gott »die Menschen als Freunde an (vgl. Ex 33,11; Joh 15,14–15) und verkehrt mit ihnen (vgl. Bar 3,38), um sie zur Gemeinschaft mit Sich einzuladen und in sie aufzunehmen«[2]. Die Kirche empfängt dieses eine depositum des Wortes Gottes sowohl durch die Heilige Überlieferung als auch durch die Heilige Schrift. Darüber hinaus ist ihr die Aufgabe anvertraut worden, das Wort Gottes verbindlich auszulegen, um ein Lehramt auszuüben, das »nicht über dem Wort Gottes [steht], sondern [ihm] dient [...], indem es nur lehrt, was überliefert

---

[1]   Direktorium 183; vgl. UR 21.
[2]   DV 2.

ist, insofern es jenes nach göttlichem Auftrag und mit dem Beistand des Heiligen Geistes fromm hört, heilig bewahrt und treu darlegt«[3].

13   Das Wort Gottes in der Heiligen Schrift nimmt einen zentralen Platz in Leben und Sendung der Kirche ein. Es ist vornehmlich die Liturgie der Kirche, in deren Rahmen die Heilige Schrift verehrt, gelesen und ausgelegt wird. Dabei muss alles Predigen durch sie genährt und von ihr bestimmt sein. Zudem stärkt die Heilige Schrift die Gläubigen als *»Seelenspeise«* und Quell des geistlichen Lebens.[4] Die katholische Kirche bemüht sich daher, einen einfachen Zugang zur Heiligen Schrift für alle Menschen zu fördern, und sorgt dafür, dass brauchbare und genaue Übersetzungen in den verschiedenen Sprachen zur Verfügung stehen.[5] Sie ermutigt Exegeten dazu, die Heiligen Schriften im Geist der Kirche zu erforschen und auszulegen,[6] da *»das Studium der Heiligen Schrift gleichsam die Seele der Heiligen Theologie«* ist.[7] Schließlich werden die Gläubigen dazu ermahnt, ihr Wissen über Jesus Christus durch eine regelmäßige Lektüre der Schriften zu vertiefen: *»Unkenntnis der Schriften ist nämlich Unkenntnis Christi.«*[8] Zwar sind bereits viele fruchtbare Anstrengungen unternommen worden, dennoch bleiben Katholiken auch weiterhin dazu ermutigt, *»das Brot des Lebens«* von dem einen Tisch des Wortes Gottes und des Leibes Christi zu empfangen.[9]

---

[3] DV 10.

[4] Vgl. DV 21.

[5] Vgl. DV 22.

[6] Vgl. DV 23.

[7] DV 24.

[8] Vgl. DV 26; Zitat: Hieronymus, Kommentar zu Jesaja, PL 24,17.

[9] Vgl. DV 21.

14   Das Wort Gottes in der Heiligen Schrift erleuchtet und nährt die Christen aller Traditionen. Das Zweite Vatikanische Konzil bekräftigt, dass die authentischen theologischen Traditionen der Ostkirchen »*auf ganz hervorragende Weise in den heiligen Schriften verwurzelt sind*«[10]. Mit Blick auf die Kirchen und kirchlichen Gemeinschaften des Abendlandes betont das Konzil deren »*Liebe und die Verehrung*« für die Heiligen Schriften und dass sie »*indem sie den Heiligen Geist anrufen, [...] in den heiligen Schriften selbst Gott [suchen] als den, der gleichsam zu ihnen spricht in Christus, der von den Propheten vorherverkündigt worden ist, dem für uns fleischgewordenen Wort Gottes*«[11]. Die katholische Kirche betrachtet die Heilige Schrift daher als »*hervorragendes Werkzeug in der mächtigen Hand Gottes, um jene Einheit zu erlangen, die der Heiland allen Menschen gewährt*«[12]. Wie aber kann die Heilige Schrift in zunehmendem Maße als »*hervorragendes Werkzeug*« auf dem Weg hin zu einer christlichen Einheit verwendet werden?

Geistliche Schriftlesung *(Lectio divina)*

15   Durch eine vom Gebet getragene Lektüre der Heiligen Schrift oder ›lectio divina‹ (geistliche Schriftlesung) können Christen eine tiefere Vertrautheit mit den heiligen Texten gewinnen. Der oberste Zweck, der bei einer solchen Lektüre verfolgt wird, ist geistlicher Natur: die liebende Gegenwart und Stimme Gottes willkommen zu heißen, Nahrung für die Seele zu finden, den Willen Gottes unterscheiden zu lernen und im Gehorsam ihm gegenüber zu wachsen.[13] Eine

---

[10] UR 17.
[11] UR 21.
[12] UR 21.
[13] Vgl. KKK 1177; 2705–2708.

solche Lektüre der Heiligen Schrift wird damit zu einem Dialog mit Gott aus großer Nähe; denn »*ihn reden wir an, wenn wir beten; ihn hören wir, wenn wir die göttlichen Sprüche lesen*«[14].

Gemeinsam können Christinnen und Christen

- als Teil ihres gemeinsamen geistlichen Weges bestimmte Bücher der Heiligen Schrift in Kleingruppen lesen und betrachten;
- Bibellesepläne mit Angaben von Abschnitten aus der Heiligen Schrift zur Verfügung stellen, die für Christen unterschiedlicher Traditionen als Grundlage ihrer Besinnung – als Einzelne oder in Gruppen – dienen können;[15]
- Kommentare zur Heiligen Schrift zusammen veröffentlichen, die auf die Schriften und Lehren der geistlichen Lehrer und Gelehrten unterschiedlicher Traditionen zurückgreifen;
- Bibelkurse anbieten, die zusammen mit benachbarten Pfarrgemeinden organisiert und durchgeführt werden.

Gemeinsame Bibelarbeit

16   In vielen Gegenden der Welt gibt es eine bewährte Praxis der Zusammenarbeit im Bereich bibelbezogener Projekte, die als ein gut zugängliches und erfolgreiches Mittel zur Förderung der Einheit der Christen viel Wertschätzung erfahren haben. Dank der ökumenischen Zusammenarbeit

---

[14]   DV 25; Zitat: Ambrosius, *De officiis ministrorum* I, 20, 88; PL 16, 50.
[15]   Vgl. zum Beispiel das monatlich erscheinende *Wort des Lebens*, das für Mitglieder und Freunde der *Fokolar-Bewegung* herausgegeben wird; die Schriftbetrachtung im monatlich erscheinenden *Brief aus Taizé* an alle Freunde der *Communauté de Taizé*; die *Losungen* der Herrnhuter Brüdergemeinde, jährliche Kalender mit Schriftzitaten für jeden Tag.

der Gelehrten, die zu unterschiedlichen Traditionen gehören, sind verdienstvolle Anstrengungen zur Vorbereitung und Veröffentlichung von gemeinsam anerkannten Bibelübersetzungen und -ausgaben gemacht worden.[16] Diese Bemühungen stellen eine wertvolle Form des gemeinsamen Dienstes und des gemeinsamen Zeugnisses dar, die noch weiter entfaltet werden könnte.[17]

Gemeinsam können Christinnen und Christen

- besondere Tage, Wochen oder Jahre organisieren, die der Bibel oder biblischen Themen gewidmet sind, beispielsweise ›Bibelsonntage‹ in den Pfarrgemeinden, ein ›Bibeltag‹ für Familien, eine ›Bibelwoche‹ für Kinder oder Jugendliche oder ein auf Diözesanebene zu veranstaltendes ›Jahr der Bibel‹;
- Hilfsmittel zum Bibelstudium für den Gebrauch in den Ortsgemeinden veröffentlichen, die auf die verschiedenen Gruppen innerhalb der Gemeinden zugeschnitten sind (zum Beispiel Kinder, Jugendliche, Senioren, Frauen, Familien und Gruppen, die sich sozial einsetzen);
- die Möglichkeiten untersuchen, für den liturgischen Gebrauch gemeinsame Lesungen aus der Heiligen Schrift zu verwenden;[18]
- sich miteinander dem wachsenden »biblischen Analphabetentum« vieler Christen und dem von vielen empfundenen spirituellen Durst nach dem ›Wort des Lebens‹

---

[16] Vgl. *Guidelines for Interconfessional Cooperation in Translating the Bible* (in der überarbeiteten Ausgabe von 1987, Erstausgabe 1968), in: IS 65 (1987), 140–145.

[17] Bezüglich der Rolle, die die *Katholische Bibelföderation* und der *Weltbund der Bibelgesellschaften (United Bible Societies)* in diesem Zusammenhang spielen, vgl. Direktorium 184–185.

[18] Vgl. Direktorium 187.

stellen, indem sie angemessene Mittel bereitstellen, dieser Situation zu begegnen;

- zusammen an der Entwicklung bibelbezogener Bildungsprogramme und -materialien für die audiovisuellen und elektronischen Medien in leicht zugänglichen Formaten arbeiten (Fernsehen, CD-Rom, DVD).

Ein gemeinsames Verständnis der Heiligen Schrift

17   Ihren jeweiligen Lehrtraditionen entsprechend haben Kirchen und kirchliche Gemeinschaften unterschiedliche Weisen des Verständnisses und des Gebrauchs der Heiligen Schrift entwickelt. Die gemeinsame Lektüre der Schrift ist ein Ausgangspunkt, um mit den unterschiedlichen konfessionellen Zugangsweisen zur Bibel umgehen zu lernen. So gibt die gemeinsame Bibelarbeit Christen die Chance, zu einem besseren Verständnis der »*Beziehungen zwischen Heiliger Schrift als oberster Autorität in Sachen des Glaubens und der heiligen Tradition als unerlässlicher Interpretation des Wortes Gottes*«[19] zu kommen.

Gemeinsam können Christinnen und Christen

- sich unmittelbar mit denjenigen Texten der Heiligen Schrift auseinandersetzen, die Anlass zu Streit und Nichtübereinstimmung gegeben haben, und zwar in erster Linie mit Abschnitten, die eine besondere Bedeutung für eine bestimmte Tradition erlangt haben. Während sie loyal gegenüber den Lehren ihrer eigenen Glaubensgemeinschaften bleiben, können sie so ein zunehmendes wechselseitiges Verständnis und eine wach-

---

[19] *Ut unum sint* 79.

sende Wertschätzung der Wege entwickeln, auf denen sich andere dem Wort Gottes angenähert haben;[20]

- neue Einsicht in verschiedene Weisen der Schriftlektüre gewinnen. Zu unterschiedlichen Zeiten haben die mannigfachen kirchlichen Traditionen des Ostens und des Westens einem eher wörtlichen oder symbolischen oder theologischen oder mystagogischen Verständnis der Heiligen Schrift einen bevorzugten Platz eingeräumt. Eine Zusammenarbeit in diesem Bereich bietet Christen die Gelegenheit, die jeweiligen Verdienste dieser Zugänge und ihre mögliche wechselseitige Ergänzung schätzen zu lernen;
- im gemeinsamen Zeugnis und Einsatz auf die Fragen und Problemstellungen antworten, die durch die moderne Gesellschaft entstanden sind. Insbesondere sind ethische Fragestellungen (zum Beispiel bei folgenden Themenfeldern: Menschenrechte, Anfang und Ende des menschlichen Lebens, menschliche Sexualität und das Verständnis von Ehe und Familie, Krieg und Frieden, Terrorismus und öffentliche Sicherheit, Armut und Gerechtigkeit) im Licht des Wortes Gottes zu betrachten, wie es uns durch die Heilige Schrift und die Tradition der Kirche vermittelt wird.[21]

Die Heilige Schrift und die Einheit der Kirche

18　Wenn Christen zusammenkommen, um die Heilige Schrift gemeinsam zu lesen und zu studieren, kann sich ihre Aufmerksamkeit auf das Mysterium von Einheit und Entzweiung richten, wie es sich in der Heilsgeschichte entfaltet.

---

[20]　Vgl. Direktorium 186.
[21]　Vgl. Direktorium 186.

Viele Abschnitte unterschiedlicher literarischer Gattungen – dies umfasst historische Texte, Psalmen und Gebete, die Prophetensprüche, Lehrreden und Gleichnisse – sowohl im Alten als auch im Neuen Testament sind, aus dieser Perspektive betrachtet, von besonderer Bedeutung.

Die gemeinsame Lektüre der Heiligen Schrift kann den Blick in gewinnbringender Weise richten:

- auf die liebevolle Einheit des Vaters, des Sohnes und des Heiligen Geistes und ihr göttliches Versöhnungshandeln, wie es an den Ursprüngen und im Leben der Kirche zum Ausdruck kommt;[22]
- auf die schmerzliche Wirklichkeit der Spaltung: auf ihren Ursprung in der menschlichen Schwäche und Sündhaftigkeit, auf ihre tiefen und dauerhaften Folgen, auf den Aufschrei zu Gott und die Suche nach Worten im Gebet, auf das Bedürfnis nach Vergebung und Versöhnung;[23]
- auf die Lehre Jesu über das Reich Gottes, das er offenbart hat, das in seinen Worten und Taten seinen Anfang genommen hat und zu dessen Verkündigung bei allen Völkern die Kirche nach seinem Tod und seiner Auferstehung berufen worden ist;[24]
- auf Jesu ausdrücklichen Wunsch nach der Einheit seiner Jünger, die daran anschließende Lehre der Apostel und deren beständiges Bemühen um die Wahrung der Ein-

---

[22] Vgl. LG 2–4; vgl. Joh 16, 4–15; Eph 4, 1–16.

[23] Vgl. Gen 4, 1–16 (Kain und Abel); Gen 37–50 (die Josefsgeschichte); Jes 42–53 (der leidende Gottesknecht); Ps 44 (Klage und Gebet um Hilfe); Mk 9, 33–40 (Wer ist der Größte?); Lk 12, 51–53 (Jesus als Ursache von Spaltungen); Lk 15 (die Gleichniserzählungen vom verlorenen Schaf, von der verlorenen Drachme und vom verlorenen Sohn und dem barmherzigen Vater).

[24] Vgl. LG 5; vgl. Mk 4, 26–34; Röm 14, 17–21.

heit der Kirche, wenn diese von inneren oder äußeren Mächten der Zwietracht und der Spaltung bedroht war;[25]

- auf die Bilder und Symbole, die die Bibel verwendet, um die Natur oder das Mysterium der Kirche zu beschreiben:[26] auf Bilder des Alten Testaments, die sich auf das »*Volk Gottes*« beziehen;[27] auf Bilder des Neuen Testaments, die in den Mittelpunkt stellen, dass Christus das Haupt der Kirche ist, die seinen Leib darstellt;[28] auf Bilder, die aus dem täglichen Leben genommen sind, wie beispielsweise das Bild vom Hirten und seiner Herde[29], das Bild vom Bestellen des Ackerlandes (wie das Bild von Weinberg und Winzer[30]), Bilder aus der Baukunst (wie das Bild vom Bauwerk oder Tempel und den lebendigen Steinen[31] oder das Bild des vom Himmel herabsteigenden Jerusalem[32]) und Bilder aus dem Bereich der Ehe und des Familienlebens (wie zum Beispiel das Bild der Kirche als Braut Christi[33] und als Familie Gottes[34]).

ZEUGEN DES WORTES GOTTES

19 Das Wort Gottes kommt sowohl durch die Heilige Schrift als auch durch das lebendige Zeugnis der Kirche zu

---

[25] Vgl. LG 7; vgl. 1 Kor 1, 10–17; 3, 3–9; 12, 4–27; Eph 4, 1–16; Kol 3, 12–17.

[26] Vgl. LG 6; KKK 753–757.

[27] Vgl. Ex 19, 5–6; Dtn 7, 6; Micha 4, 1–4.

[28] Vgl. Röm 12, 3–21; 1 Kor 12, 12–31.

[29] Vgl. Joh 10, 1–16; Ez 34, 11–31.

[30] Vgl. Mt 21, 33–43; Joh 15, 1–11.

[31] Vgl. 1 Kor 3, 5–23; Eph 2, 19–22; 1 Petr 2, 1–9.

[32] Vgl. Offb 21, 1–27.

[33] Vgl. Mt 22, 1–14; 2 Kor 11, 2.

[34] Vgl. Mt 12, 46–50; Eph 2, 19.

uns, in dem das Zeugnis all der Männer und Frauen mit ein-
geschlossen ist, die sorgfältig und andächtig auf das Wort
Gottes gehört, es treu gelebt und mutig für es Zeugnis abgelegt haben. Die wachsende Gemeinschaft unter den Christen kann ihren Ursprung nur in der Nachfolge Jesu haben,
dem fleischgewordenen Wort Gottes. Die Jungfrau Maria
und die Heiligen und Märtyrer aller Zeiten haben Christen
auf ihrem Weg als Jünger Christi inspiriert und gestärkt.

Christus, der treue Zeuge

20   *»Gnade sei mit euch und Friede von ihm, der ist und der war
und der kommt […] und von Jesus Christus; er ist der treue Zeuge,
der Erstgeborene der Toten.«*[35] Das gesamte Erdenleben Christi
– seine Worte und Taten, sein Schweigen und sein Leiden –
stellt die Offenbarung des Vaters dar. Jesus spricht: *»Wer mich
gesehen hat, hat den Vater gesehen«*[36] und der Vater spricht: *»Das
ist mein auserwählter Sohn, auf ihn sollt ihr hören«*[37]! Das Wort,
das Fleisch geworden ist, ist unser Vorbild der Heiligkeit:
»Nehmt mein Joch auf euch und lernt von mir«[38]; *»Liebt einander,
so wie ich euch geliebt habe«*[39].

Das Geheimnis der Einheit steht im Zentrum des Lebens und der Sendung Christi. Daher ruft der Geist alle
Gläubigen dazu auf, sich Christus vor Augen zu stellen und
von ihm zu lernen, in wahrer Jüngerschaft Bande der Gemeinschaft zu schmieden. Nur wenn sie ihre Augen auf
Christus gerichtet halten und auf ihn hören, werden sie das

---

[35] Offb 1, 4–5.
[36] Joh 14, 9.
[37] Lk 9, 35.
[38] Mt 11, 29.
[39] Joh 15, 12.

Licht und die Stärke finden, derer es bedarf, um die lange und mühsame Pilgerfahrt der Einheit fortzusetzen.

21 Die versöhnende Macht des Evangeliums ist im gesamten Leben Christi sichtbar und hörbar, gibt es doch eine Vielzahl von Augenblicken, die sein Gebet, dass alle eins sein sollen, anschaulich machen und wirksam werden lassen:

- seine Verkündigung der Seligpreisungen als einer neuen Lebensweise, die auf das Himmelreich hingeordnet ist;[40]
- seine bevorzugte Liebe zu den Kranken, den Bedürftigen und den Armen, die sie weg von den Rändern des sozialen und religiösen Lebens in die Mitte der neuen, von ihm errichteten Gemeinschaft ruft;
- der Vorrang der Liebe, die »*alles zusammenhält und vollkommen macht*«[41]; dies beinhaltet seine Lehre, nicht über andere zu richten[42] und einander zu vergeben, wie Gott uns in Christus vergeben hat,[43] und zwar ohne Grenze und Maß – nicht weniger als »*siebenundsiebzigmal*«[44] – mit einer Liebe, die sich selbst auf unsere Feinde erstreckt;[45]
- seine Lehre über das Reich Gottes und die Art von Beziehungen, die unter seinen Jünger herrschen sollen, Beziehungen auf der Grundlage demütigen Dienstes und sich selbst schenkender Liebe;[46]
- sein Selbstverständnis als der Gute Hirt, der den Schafen vorangeht, »*und die Schafe folgen ihm, denn sie kennen seine*

---

[40] Mt 5,3–12.
[41] Kol 3,14.
[42] Vgl. Mt 7,1–5.
[43] Vgl. Eph 4,32.
[44] Mt 18,21–22.
[45] Vgl. Mt 5,43–48.
[46] Vgl. Mt 23,8–12; Mt 20,20–28.

Stimme«, und sein Verlangen nach Einheit, auf dass es *»nur eine Herde [gibt] und einen Hirten«;*[47]

- seine Lehre über die Selbstverleugnung und das Auf-sich-Nehmen des Kreuzes,[48] da er durch sein Kreuz *»die trennende Wand der Feindschaft niedergerissen und in seiner Person die Feindschaft getötet hat«;*[49]
- sein Vergleich des Reiches Gottes mit einem Hochzeits-mahl, zu dem alle geladen sind,[50] in dem er Gottes Ver-langen offenbart, dass die Einheit der ganzen entzweiten Menschheit in Christus wiederhergestellt und gefeiert werde;
- sein Gebet für seine Jünger und für alle diejenigen, die an ihn glauben, sie mögen eins sein, eine lebendige Ge-meinschaft;[51]
- sein Opfer am Kreuz, an dem er sein Leben für die Ein-heit der Kinder Gottes hingegeben hat, so wie es in den Worten des Hohenpriesters heißt, der nach dem Zeug-nis des Johannesevangeliums aus prophetischer Einge-bung sagte, dass *»Jesus für das Volk sterben werde [...] Aber er sollte nicht nur für das Volk sterben, sondern auch, um die versprengten Kinder Gottes wieder zu sammeln«*[52].

Gemeinsam können Christinnen und Christen

- dafür beten, dass sie in der wahren Nachfolge wachsen mögen, indem sie Jesus Christus, dem ›einen Hirten‹ fol-gen;
- über das Neue Testament nachsinnen, um so ihr Ver-

47　Vgl. Joh 10,1–16.
48　Vgl. Mt 16,24–28.
49　Eph 2,14–16.
50　Vgl. Mt 22,1–44.
51　Vgl. Joh 17,1–26.
52　Joh 11,51–52.

ständnis von Christi Dienst der Versöhnung zu vertiefen und diesen Dienst zu ihrem eigenen zu machen;

- gemeinsame Traditionen wiederentdecken, die aus der Zeit der frühen Kirche und der Jahrhunderte stammen, die den gegenwärtigen Spaltungen vorausgingen, namentlich die Schriften und Zeugnisse, die sich auf Jesus Christus beziehen;
- sich dem Studium der theologischen und geistlichen Quellen der mannigfachen Traditionen aus den Jahrhunderten der Spaltung widmen, die Leben und Sendung Jesu zum Gegenstand haben.

Maria, die Mutter Gottes

»Warum also nicht alle zusammen auf sie als unsere gemeinsame Mutter schauen, die für die Einheit der Gottesfamilie betet und die allen ›vorangeht‹ an der Spitze des langen Zuges von Zeugen für den Glauben an den einen Herrn, der Sohn Gottes ist und durch den Heiligen Geist in ihrem jungfräulichen Schoß empfangen wurde?«[53]

22 Die Gottesmutter Maria nimmt eine besondere Stellung im Glauben und im geistlichen Leben der Kirche ein. Gemäß der Heiligen Schrift hat sie durch ihren Gehorsam, ihren Glauben, ihre Hoffnung und ihre brennende Liebe in einzigartiger Weise Anteil an der Menschwerdung des göttlichen Wortes und am Heilswerk des Erlösers.[54] Das rechte Verständnis der Verehrung Marias verdunkelt oder mindert die einzige Mittlerschaft Christi in keiner Weise, vielmehr

---

[53] *Redemptoris mater* 30.
[54] Vgl. LG 60–65.

zeigt sie deren Macht und deren Reichtum.[55] Christus ist der
eine und einzige Mittler zwischen Gott und den Menschen
(1 Tim 2,5). »*Was der katholische Glaube von Maria glaubt und
lehrt, gründet auf dem Glauben an Christus; es erhellt aber auch
den Glauben an Christus.*«[56] Als er am Kreuz starb, vertraute
Christus seine Mutter dem Jünger, den er liebte, mit den
Worten an: »*Frau, siehe, dein Sohn*«, und den Jünger seiner
Mutter, indem er sagte: »*Siehe, deine Mutter*« (Joh 19,26–27).

23   Maria begleitet auch die Kirche auf ihrem Weg zur
christlichen Einheit.[57] Dabei stimmen die katholische Kirche
und die Ostkirchen in der Lehre der frühen Konzilien über
die Jungfrau Maria überein, im Blick auf Maria als *Theotókos*,
Gottesgebärerin, und im Blick auf ihre Jungfräulichkeit;[58]
darüber hinaus begehen sie auch übereinstimmend die
meisten der zu Ehren der Jungfrau Maria begangenen liturgischen Feste.[59] Von den Kirchen und kirchlichen Gemeinschaften des Abendlandes halten viele mit Blick auf Maria
an derselben Lehre der frühen Konzilien fest und betrachten
sie als Teil des einen Erbes des Glaubens; so sind mehrere
liturgische Marienfeiertage noch immer Teil ihres liturgischen Kalenders und eines gemeinsamen geistlichen Ver-
mächtnisses.[60] Im Fall einiger abendländischer Gemeinschaften, deren Ursprünge auf vorreformatorische Zeiten
zurückgehen, hat Maria ihre Rolle als Schutzheilige behal-
ten. Außerdem gibt es in vielen Gemeinschaften der refor-

---

[55] Vgl. LG 60; KKK 2673–2679.
[56] KKK 487.
[57] Vgl. RM 29–34.
[58] Konzil von Ephesus (431): DenzH 251; Laterankonzil von 649:
DenzH 503, vgl. DenzH 10–64.
[59] Vgl. UR 15.
[60] Dies gilt insbesondere für die anglikanische Gemeinschaft, die
skandinavischen lutherischen Kirchen und die altkatholische Kirche.

matorischen Tradition zurzeit eine erneuerte Aufmerksamkeit für Maria als ›Vorbild im Glauben‹ und als ›unsere Schwester im Glauben‹. Was die Unterschiede in den Bereichen der Lehre und der Frömmigkeit betrifft, sind dank der im Rahmen einiger ökumenischer Dialoge unternommenen Bemühungen vielversprechende Fortschritte in Richtung eines gemeinsamen Verständnisses der Rolle Marias in der Heilsgeschichte gemacht worden.[61] Dieser Fortschritt berührt vor allem Themen, die sich auf dogmatische Bestimmungen des zweiten Jahrtausends und einige Formen der Volksfrömmigkeit und -religiosität beziehen. Auch wenn die Fortsetzung dieses Dialogs erforderlich sein dürfte, stellt doch die Rezeption dieser ermutigenden Entwicklungen bereits eine Weise dar, die geistliche Ökumene zu fördern.

Gemeinsam können Christinnen und Christen
- die Stellung Marias in der Heiligen Schrift anerkennen und zusammen mit ihr die großen Taten im Herzen bewahren, die Gott in der Heilsgeschichte vollbracht hat;
- das Zeugnis der frühen Christenheit über Maria studieren, wie es sich in den liturgischen Feiern, dogmatischen Bestimmungen und Gebeten und Andachtsformen der ersten Jahrhunderte widerspiegelt;
- die wechselseitige Kenntnis und Wertschätzung der mannigfaltigen ost- und westkirchlichen Traditionen einer auf die Gottesmutter Maria bezogenen Verehrung und Frömmigkeit fördern;[62]
- in nationalen und internationalen Marienheiligtümern in gebührender Weise der Anwesenheit und den pasto-

---

[61] Vgl. in diesem Band »Bibliographie: Ökumenische Dokumente zu Maria«.
[62] Vgl. RM 34.

ralen Bedürfnissen derjenigen Besucher Beachtung
schenken, die anderen Kirchen oder kirchlichen Gemeinschaften angehören, indem sie neben der Ver-
wendung von angemessenen liturgischen Zeichen und
Symbolen dafür sorgen, dass geeignete Gebete und Be-
trachtungen zur Verfügung stehen;[63]

• Gebete für die Kirche, insbesondere für ihre Einheit, der
Fürsprache der Jungfrau Maria anvertrauen, die viele
Christen als die Mutter der Kirche verehren.[64] Verschiedene Formen des Gebetes zur Jungfrau Maria wie zum
Beispiel der *Akathistos-Hymnus* im Osten und das Rosenkranzgebet im Westen kommen dabei als geeignete Für-
bittgebete für die Einheit aller Christen infrage.

Märtyrer und Glaubenszeugen bis zum Tod

»Ich habe bereits mit Freude festgestellt, dass die zwar
unvollkommene, aber real gegebene Gemeinschaft in vielen
Bereichen des kirchlichen Lebens bewahrt wird und wächst.
Ich glaube nun, dass sie darin schon vollkommen ist, was wir
als den Gipfel des Gnadenlebens betrachten, den Märtyrertod, die intensivste Gemeinschaft, die es mit Christus geben
kann, der sein Blut vergießt und durch dieses Opfer jene, die
einst in der Ferne waren, in die Nähe kommen lässt (vgl. Eph
2,13).«[65]

24   Die Kirche bewahrt das Andenken an die Märtyrer und
gedenkt der Gläubigen, die ihr Zeugnis bis zum Tod ab-

---

[63] Vgl. Päpstlicher Rat der Seelsorge für die Migranten und Menschen unterwegs: *The Shrine, Memory, Presence and Prophecy of the Living
God*, 1999, 12.
[64] Vgl. KKK 963–970.
[65] *Ut unum sint* 84.

gelegt haben, durch alle Zeiten der Geschichte der Christenheit. Auch in jüngster Vergangenheit haben zahlreiche Christen aller Traditionen unter dem brutalen Druck unterschiedlicher Ideologien und politischer Regime wegen ihrer Treue zu Christus und zur Kirche Verfolgung und Tod erlitten. An sie erinnernd forderte Papst Johannes Paul II., dass *»soweit als möglich ihre Zeugnisse in der Kirche nicht verlorengehen dürfen. [...] Es muss von den Ortskirchen alles unternommen werden, um durch das Anlegen der notwendigen Dokumentation nicht die Erinnerung zu verlieren an diejenigen, die das Martyrium erlitten haben. Dies sollte auch einen ökumenisch beredten Zug haben. Der Ökumenismus der Heiligen, der Märtyrer, ist vielleicht am überzeugendsten. Die communio sanctorum, Gemeinschaft der Heiligen, spricht mit lauterer Stimme als die Urheber von Spaltungen«*[66].

Gemeinsam können Christinnen und Christen

- ökumenische Fürbitte halten für Christen aus allen Traditionen, die noch immer Opfer von Verfolgung und Gewalt sind. Die Festtage der Märtyrer, deren Namen in den liturgischen Kalendern verschiedener Kirchen und kirchlicher Gemeinschaften verzeichnet sind, bieten eine Gelegenheit für solche Gebete (zum Beispiel das Fest der Enthauptung Johannes' des Täufers, das Gedächtnis der Steinigung des heiligen Erzmärtyrers Stephanus, die Gedenktage der Märtyrer der ersten christlichen Jahrhunderte und späterer Zeit);
- lokal oder regional aktualisierte Verzeichnisse und biografische Notizen veröffentlichen, die Informationen über Blutzeugen der jüngsten Vergangenheit enthalten. Dies kann ökumenisch geschehen und sollte so alle daran erinnern, dass das Blutzeugnis für Christus zum ge-

---

[66] *Tertio millennio adveniente* 37.

meinsamen Erbe aller christlichen Traditionen geworden ist;

- alljährlich eine *ökumenische Gedächtnisfeier für die Zeugen des Glaubens* begehen, und zwar vor allem in Regionen, in welchen die Wunden der Verfolgung und des Leidens noch immer der Heilung bedürfen; eine solche Gedächtnisfeier könnte während der Fastenzeit oder nach Pfingsten stattfinden;[67]
- sich Gebete und Meditationen aus den verschiedenen Traditionen aneignen, die an die Erfahrung des Martyriums rühren, indem sie das Leiden und den Tod Jesu Christi und die christliche Berufung zum treuen Zeugnis betrachten.[68]

Heilige

»Wenn man von einem gemeinsamen Erbgut spricht, muss man dazu nicht nur die Einrichtungen, die Riten, die Heilsmittel und die Traditionen zählen, die alle Gemeinschaften bewahrt haben und von denen sie geformt worden sind, son-

---

[67] Als Beispiel sei die *Gedächtnisfeier für die Zeugen des Glaubens im 20. Jahrhundert* genannt, die unter dem Vorsitz von Papst Johannes Paul II. am Sonntag, den 7. Mai 2000, im Kolosseum in Rom abgehalten wurde.

[68] Hier ist an die unter der Leitung von Papst Johannes Paul II. im Kolosseum in Rom abgehaltenen Kreuzwegmeditationen am Karfreitag zu erinnern, die von Seiner Heiligkeit Bartholomäus I., dem ökumenischen Patriarchen von Konstantinopel (1994), Schwester Minke de Vries von der Gemeinschaft von Grandchamps (1995), Seiner Heiligkeit Karekin I., dem Obersten Patriarchen und Katholikos aller Armenier (1997), und Professor Olivier Clément von der Orthodoxen Kirche (1998) verfasst wurden.

dern an erster Stelle und vor allem diese Tatsache der Heilig-keit.«[69]

25 Im Lauf des liturgischen Jahres gedenkt die Kirche der Heiligen aller Zeitalter und feiert sie, indem sie Gott für das wundervolle Wirken Christi in seinen Dienern dankt und deren Lebenswege als zur Nachahmung geeignete Vorbilder vorstellt. Darüber hinaus sind die Heiligen auch Quellen der Hoffnung bei der Suche nach der Einheit der Christen. In mannigfacher Weise stellt die Heiligkeit ein Zeichen des Sieges Christi über die entzweienden Mächte der Sünde und des Bösen dar. Ein Leben in Heiligkeit ist der wichtigste vom Heiligen Geist geschenkte heilende Balsam, den es auf die Wunden der Uneinigkeit aufzutragen gilt. In der Geschichte der Kirche waren heilige Menschen stets unter den hauptsächlichen Bauleuten von Versöhnung und wiederhergestellter Gemeinschaft.

Gemeinsam können Christinnen und Christen

* die Aufmerksamkeit auf das gemeinsame Erbe des Glaubens lenken, indem sie der Heiligen der apostolischen Zeit wie der Evangelisten und der Apostel gedenken, deren Festtage in verschiedenen liturgischen Kalendern auf denselben Tag fallen;
* Gott danken für die Heiligen aller Zeiten, an die im Verlauf des liturgischen Jahres in den verschiedenen Kirchen und kirchlichen Gemeinschaften erinnert wird, da sie mit ihrem heiligen Zeugnis oder ihren Lehren das gemeinsame christliche Erbe bereichert haben. Dies schließt Heilige mit ein, deren Festtage traditionell sowohl im Osten als auch im Westen gefeiert werden,[70]

---

[69] *Ut unum sint* 84.
[70] Zum Beispiel Athanasius der Große († 373), Cyrill von Alexandria

wie auch all diejenigen, die von verschiedenen christlichen Gemeinschaften des Westens verehrt werden;[71]

- die Festtage der Heiligen feiern, die sich zu Lebzeiten besonders darum verdient gemacht haben, zwischen Christen Brücken zu bauen oder Versöhnung zu fördern; ihrem liturgischen Gedächtnis kann eine ökumenische Dimension gegeben werden;[72]

- derjenigen lokalen Heiligen ökumenisch gedenken, die bei der ersten Verbreitung des Evangeliums in einer bestimmten Region mitgewirkt haben. Dies kann vielleicht durch den Austausch von Delegationen oder den wechselseitigen Besuch von Gottesdiensten geschehen;[73]

- die Verehrung anerkennen, die den echten Reliquien und den Heiligenbildern insbesondere – wenn auch nicht ausschließlich – in der katholischen und orthodoxen Tradition, erwiesen wird;[74] die Überführung oder Schenkung von Reliquien kann zu einem bedeutsamen Moment geistlichen Teilens zwischen Katholiken und Orthodoxen werden;[75]

(† 444), die Kappadozischen Väter: Basilius von Caesarea († 379), Gregor von Nazianz († 374), Gregor von Nyssa († um 394).

[71] Zum Beispiel Benedikt von Nursia († 547), Franz von Assisi († 1226), Brigitta von Schweden († 1373), Juliana von Norwich († 1413).

[72] Zum Beispiel Simeon der Stylit († 459), Augustinus von Canterbury († 604/609), Johannes von Damaskus († um 754), Cyrill († 869) und Methodius († 885).

[73] Beispiele dafür stellen der Austausch von Delegationen zwischen Rom und Konstantinopel am Fest des heiligen Andreas in Konstantinopel (30. November) and am Fest der heiligen Petrus und Paulus in Rom (29. Juni) dar.

[74] Vgl. SC III.

[75] Beispielsweise schenkte Papst Paul VI. im Jahr 1968 der koptisch-orthodoxen Kirche von Ägypten Reliquien des heiligen Markus; im

- Nutzen aus den Quellen geistlicher Erneuerung ziehen, wie sie sich in den Schriften geistlicher Meister finden, deren Lebenswege und Lehren allgemein als an die eine Kirche Christi verliehene Gaben des Heiligen Geistes betrachtet werden.[76]

Jahr 2000 schenkte Papst Johannes Paul II. Reliquien des heiligen Gregors des Erleuchters dem Katholikos aller Armenier (Etschmiatzin) und dem Katholikos von Kilikien; 2004 schenkte Papst Johannes Paul II. Reliquien des heiligen Johannes Chrysostomos und des heiligen Gregor von Nazianz dem Ökumenischen Patriarchat von Konstantinopel.

[76] Hier wären zum Beispiel Nil Sorskij († 1508), John Wesley († 1791), Seraphim von Sarov († 1833), Paul Wattson († 1940), Dietrich Bonhoeffer († 1945) Paul Couturier († 1953) und Mary Elisabeth Hesselblad († 1957) anzuführen.

2. GEBET UND GOTTESDIENST

DAS GEBET DES HERRN (›VATER UNSER‹)

26 *»Geht sämtliche Gebete durch, die sich in der Schrift finden. Meines Erachtens könnt ihr darin nichts finden, was nicht im Gebet des Herrn enthalten wäre.«*[1]

Das Gebet des Herrn ist wahrhaft einzigartig, es ist »vom Herrn« (Mt 6,9–13; Lk 11,2–4). Der eingeborene Sohn Gottes gibt uns die Worte, die der Vater ihm gegeben hat, und durch den Heiligen Geist werden diese Worte in uns ›Geist und Leben‹.

Das Gebet des Herrn beginnt mit einem Ausruf größter Nähe: ›Vater unser‹. Gemeinsam mit dem Herrn danken wir dem Vater dafür, dass er uns seinen Namen offenbart und uns als seine Kinder angenommen hat. Jeder Getaufte betet diese Anfangsworte des Herrengebetes in der Gemeinschaft mit allen Getauften, und so bleibt das Gebet des ›Vater unser‹ trotz aller Spaltungen ein Teil des gemeinsamen Erbes aller Christen und eine eindringliche Aufforderung, für ihre Einheit zu beten.[2]

Mit der Reihe der ersten Bitten wendet sich unser Herz und unser Geist hin zu Gott, unserem Vater, um seiner selbst willen: ›dein Name …, dein Reich …, dein Wille …‹. Durch diese Bitten taucht der Herr uns ein in das Geheimnis der Liebe Gottes und ihres Heilsplans zur Rettung der Menschheit. Im Gegensatz dazu heiligt die Spaltung unter den Christen den Namen Gottes nicht, sie beschleunigt

---

[1] Augustinus, Ep. 130, 12, 22. PL 33, 503, vgl. KKK 2759–2865.
[2] Vgl. KKK 2791.

nicht das Kommen des Reiches Gottes und sie folgt nicht seinem Willen. Wenn Christen das ›Vater unser‹ beten, bitten sie den Vater nachdrücklich darum, dass der Heilsplan seiner Liebe auf Erden vollkommen verwirklicht werden möge, so wie er es im Himmel ist, was die Heilung aller Spaltungen mit einschließt. Überdies bitten sie auch darum, gemeinsam zu erkennen, ›was der Wille Gottes ist‹, und bemühen sich um die Kraft, ihn umzusetzen.[3]

In der zweiten Reihe von Bitten tragen wir Gott, unserem Vater, Bitten vor, die uns selbst betreffen: ›gib *uns* …, vergib *uns* …, führe *uns* nicht …, erlöse *uns* …‹. Indem Christen das ›Vater unser‹ beten, bitten sie zusammen darum, dass alle Kinder Gottes das für das Leben Notwendige empfangen mögen.[4] Das Drama des Hungers, das sich in der Welt abspielt, ruft Christen sowohl dazu auf, gemeinsam zu beten, als auch ihrer gemeinsamen Verantwortung für ihre Brüder und Schwestern in Not gerecht zu werden. Die letzten Bitten des Herrengebetes handeln von Sünde und Vergebung. Denn obwohl Christen das Kleid der Taufe angezogen haben, ringen sie dennoch weiterhin mit der Sünde der Spaltung. So gehören Uneinigkeit und Zwietracht auch für Christen zu den stets gegenwärtigen Versuchungen. Ohne eine Prüfung des Gewissens, Reue, Umkehr und das unbedingte Vertrauen in die versöhnende Kraft der Liebe Gottes gibt es keinen Weg zur Einheit der Christen. Durch ihr Gebet um die Erlösung von dem Bösen erflehen Christen das kostbare Geschenk des Friedens und der Einheit und die Gnade der Beharrlichkeit in der gemeinsamen Erwartung der Wiederkunft Christi in Herrlichkeit.

---

[3] Vgl. Röm 12,2.
[4] Vgl. 1 Tim 6,8.

DAS PERSÖNLICHE GEBET

»Mit dem Blick auf das neue Jahrtausend bittet die Kirche den Geist um die Gnade, ihre Einheit zu stärken und sie zur vollen Gemeinschaft mit den anderen Christen wachsen zu lassen. Wie ist das zu erreichen? Zuallererst durch das Gebet. Das Gebet sollte immer von jener Unruhe erfüllt sein, die Streben nach der Einheit und deshalb eine der notwendigen Formen der Liebe ist, die wir für Christus und für den von Erbarmen erfüllten Vater hegen. Auf diesem Weg, den wir zusammen mit den anderen Christen [...] einschlagen, muss das Gebet den Vorrang haben.«[5]

27   Jesus betete zu seinem Vater um das Geschenk der Einheit. Seit dieser Zeit vereint sich die Kirche mit Christus, indem sie den Vater anfleht und um die von Christus ersehnte Einheit bittet, wie er sie will.[6] Auf diese Weise bleibt das Gebet für die Einheit in der Herzmitte eines jeden christlichen Gebetes.[7]

In ihrem persönlichen Gebet können Christinnen und Christen
- bei der Feier der Eucharistie dem Gebet für die Einheit die gebotene Aufmerksamkeit schenken;
- so weit es möglich ist, besondere Fürbitten für die Einheit der Christen in das liturgische Gebet der Kirche ein-

---

[5] *Ut unum sint* 102.
[6] Dies ist im Anschluss an eine Formulierung von Paul Couturier (1881–1953) gesagt: sein Aufruf zur Fürbitte für »die Einheit der Kirche Jesu Christi, wie Er sie will und wann Er sie will«. Eine Formulierung, die seit 1938 zu einem Leitmotiv für die jährlich stattfindende »Woche des Gebetes für die Einheit der Christen« (18.–25. Januar) geworden ist
[7] Vgl. *Ut unum sint* 27.

fügen (zum Beispiel während der Stundenliturgie oder der Lesehore);

- die christliche Einheit zum Anliegen täglicher Gebete und Andachtsübungen machen (wie zum Beispiel beim Rosenkranzgebet oder bei der Verehrung des Allerheiligsten Altarsakraments);
- die christliche Einheit durch Fasten, Buße und persönliche Umkehr suchen;
- für das Anliegen der christlichen Einheit ihre Nöte und Leiden mit Christus vereinen.

DAS GEMEINSAME GEBET

»Unter gewissen besonderen Umständen, zu denen Gebete gehören, die »für die Einheit« anberaumt werden, und bei ökumenischen Zusammenkünften ist es erlaubt, ja sogar wünschenswert, dass sich die Katholiken mit ihren getrennten Brüdern im Gebet verbinden. Solche gemeinsamen Bitten sind ein sicherlich sehr wirksames Mittel, die Gnade der Einheit zu erlangen, und ein echtes Zeichen der Bande, durch die die Katholiken mit den getrennten Brüdern immer noch verbunden werden: ›Wo nämlich zwei oder drei in meinem Namen versammelt sind, da bin ich in ihrer Mitte‹ (Mt 18,20).«[8]

28   Christen sind dazu ermutigt, sich im Gebet mit Mitgliedern anderer Kirchen und kirchlicher Gemeinschaften zusammenzuschließen. Das gemeinsame Gebet ist ein wirkungsvolles Mittel, Gott um die Fülle der Einheit der Christen zu bitten, und ein echter Ausdruck des tiefen Bandes, das zwischen allen Christen besteht. Daher sollte das Gebet

---

[8] UR 8.

um die Wiederherstellung der Einheit einen herausragenden Platz in jedem gemeinsamen Gebet einnehmen. Ein solches Gebet könnte dabei »*ausgerichtet sein zum Beispiel auf das Mysterium der Kirche und ihre Einheit, auf die Taufe als sakramentales Band der Einheit oder auf die Erneuerung des persönlichen und gemeinschaftlichen Lebens*«[9] und auf die Heilung der Gebrochenheit der Menschheit. Die Feier der jährlich weltweit stattfindenden »*Woche des Gebetes für die Einheit der Christen*« stellt eine Initiative dar, der eine einzigartige Bedeutung zukommt und die es zu ermutigen und weiter zu entwickeln gilt.[10]

29 Christen können aus der Teilnahme an liturgischen Gottesdiensten und nichtsakramentalen Feiern anderer Gemeinschaften Nutzen ziehen. Eine solche Beteiligung ermöglicht, »*das Gebet anderer Gemeinschaften besser zu verstehen und an den Traditionen, die sich oft aus den gemeinsamen Wurzeln entwickelt haben, tiefer teilzunehmen*«[11]. Da liturgische Traditionen Teil des heiligen Erbes der Kirchen und kirchlichen Gemeinschaften und konstitutiv für deren Identität sind, erfordert die Teilnahme an einer liturgischen Feier ganz besondere Aufmerksamkeit auf die Gefühle aller Beteiligten wie auch auf die besonderen Gewohnheiten, die je nach Zeit, Ort, Personen und Umständen unterschiedlich sein können.[12] Anstatt die aus den verschiedenen Traditionen stammenden liturgischen Elemente miteinander zu vermischen, sollte das ökumenische Gebet eher der Bewahrung der Besonderheiten der bestehenden Formen liturgischer

---

[9] Direktorium 110.
[10] Alljährlich erbitten der *Ökumenische Rat der Kirchen* mit Sitz in Genf und der *Päpstliche Rat zur Förderung der Einheit der Christen* mit Blick auf die Vorbereitung der Materialien für diese Gebetswoche die Unterstützung einer lokalen Gemeinschaft.
[11] Vgl. Direktorium 117.
[12] Vgl. Direktorium 119.

Feiern den Vorzug geben. Eine solche Beachtung der authentischen Verschiedenheit innerhalb unserer Traditionen verleiht der von uns erstrebten Einheit in der Verschiedenheit in weitaus besserer Weise Ausdruck.

30   In vielen Teilen der Welt kommen Christen zu ökumenischen Gebetsgottesdiensten zusammen, die an wichtige Ereignisse aus den Bereichen der Geschichte einer bestimmten Region, der zivilen Gesellschaft oder des sozialen Lebens erinnern. In einigen Ländern gedenkt man großer Ereignisse, die von Bedeutung für die Nation oder für die zivile Gesellschaft sind, oft im Kontext ökumenischer Feiern.[13] Diese ökumenischen Gebetsgottesdienste verleihen den geteilten Sorgen und Hoffnungen der Christen einer Region eine Stimme und sind ein beredtes Mittel des gemeinsamen Zeugnisses.

Gemeinsam können Christinnen und Christen beten

*   während der jährlich stattfindenden »*Woche des Gebetes für die Einheit der Christen*« (vom 18. bis zum 25. Januar oder zu einer anderen geeigneten Zeit, oft zwischen Himmelfahrt und Pfingsten);[14]
*   anlässlich ökumenischer Zusammenkünfte;
*   während wichtiger Zeiten im Verlauf des liturgischen Jahres wie beispielsweise im Advent, zu Weihnachten, während der Fastenzeit, zu Ostern und in Verbindung mit hohen Feiertagen;
*   in Erinnerung an die Toten oder an jene, die für ihr Land gestorben sind;
*   in Zeiten von Katastrophen oder öffentlicher Trauer;
*   an Tagen, die für andere Kirchen und kirchliche Ge-

---

[13] Vgl. Direktorium 109.
[14] Vgl. Direktorium 110.

meinschaften bedeutsam sind (wie am Sonntag der Orthodoxie oder am Reformationstag);

- inmitten von Situationen allgemeiner Not und gemeinsamer Sorge (etwa um Frieden und Gerechtigkeit in der Welt und die Linderung der Armut, des Hungers und der Gewalt oder um die Achtung der besonderen Würde der Familie);
- wenn eine Nation, Region oder Gemeinschaft als ganze Gott danksagt oder Fürbitte hält;
- anlässlich weltweit abgehaltener Gebetstage für besondere Gruppen oder Anliegen (wie beispielsweise anlässlich der Weltjugendtage);
- an bestimmten Tagen im öffentlichen oder im sozialen Leben (wie am Neujahrstag, zu Beginn oder am Ende eines Schuljahres oder der Ferien, am Erntedankfest).

31 *»Keiner kann sagen: Jesus ist der Herr!, wenn er nicht aus dem Heiligen Geist redet«* (1 Kor 12,3). Wann immer Christen zusammenkommen, um zu beten, ist es der Heilige Geist, der sie dazu bewegt und sie lehrt zu beten. Überdies ist der Heilige Geist auch die Quelle der christlichen Einheit. Denn: *»Der Heilige Geist, der den Glaubenden innewohnt und die ganze Kirche erfüllt und lenkt, bewirkt jene wunderbare Gemeinschaft der Gläubigen und verbindet so innigst alle in Christus, dass er das Prinzip der Einheit der Kirche ist.«*[15] In unserer Gegenwart haben viele Christen aus mannigfachen Traditionen Zeugnis abgelegt für eine tiefgehende Erfahrung von der Gegenwart des Heiligen Geistes. In der Folge dieser Erfahrung stellt für sie das Gebet im Heiligen Geist eine Quelle der persönlichen Erneuerung und einer tieferen Zugehörigkeit zum Leib Christi dar. Indem sie sich an den Heiligen Geist wenden, wachsen sie enger mit Jesus Christus und miteinander zu-

---

[15] UR 2.

47

sammen. Dabei sind die Kriterien der Unterscheidung hinsichtlich der Authentizität des Wirkens des Heiligen Geistes, die der heilige Paulus benannt hat[16] und die in der geistlichen Tradition der Kirche weiterentwickelt worden sind, eine Hilfe und eine Norm für sie und für alle Christen. Im aufmerksamen Achten auf diese Kriterien kann ein für den Heiligen Geist empfängliches Leben der Nachfolge und des Gebetes zu einem wahrhaften Werkzeug wechselseitiger Erbauung und vertiefter Bande der Gemeinschaft zwischen den Christen werden.

DIE FEIER DER SAKRAMENTE

32 Sakramente sind heilswirksame Handlungen Jesu Christi, vollzogen durch den Dienst der Kirche, in der Kraft des Heiligen Geistes zur Ehre des Vaters. Durch ihre Feier eröffnen sie den Gläubigen die Möglichkeit, schon jetzt am Leben Gottes Anteil zu haben.[17] Die Sakramente sind ein Ausdruck der Einheit der Kirche im Glauben, im Gottesdienst und im apostolischen Dienst, sie sind zugleich eine Quelle der Einheit der Kirche und ein Mittel, diese aufzubauen. Aus diesem Grund ist die Feier der Sakramente, insbesondere der Eucharistie, wesentlich bezogen auf die volle kirchliche Gemeinschaft und deren sichtbaren Ausdruck.[18] Da die Feier der Sakramente zu den wichtigsten Handlungen der Kirche gehört und auf unterschiedliche Weise und zu unterschiedlichen Graden Teil aller christlichen Traditionen ist, hat auch sie ihren Platz in der geistlichen Ökumene.

---

[16] Vgl. 1 Kor 12–14; Gal 5, 22–26.
[17] Vgl. KKK 1113–1116
[18] Vgl. Direktorium 129.

Die Taufe

»Die Taufe bildet also das sakramentale Band der Einheit, das zwischen allen herrscht, die durch es wiedergeboren sind. Dennoch ist die Taufe an sich lediglich ein Anfang und Beginn, da sie ja ganz darauf hinzielt, die Fülle des Lebens in Christus zu erlangen. Deshalb wird die Taufe hingeordnet auf das vollständige Bekenntnis des Glaubens, auf die vollständige Einverleibung in die Einrichtung des Heils, wie Christus selbst sie gewollt hat, schließlich auf die vollständige Einfügung in die eucharistische Gemeinschaft.«[19]

33 Die Taufe ist das grundlegende Sakrament der Erlösung, durch das Menschen zu Christen und in Christus und in seine Kirche eingegliedert werden.[20] Im Blick auf die Einheit der Christen ist die Taufe dasjenige Sakrament, das die Grundlage bildet für die Gemeinschaft aller Christen. Aus diesem Grund bieten sich für die geistliche Ökumene in Verbindung mit diesem Sakrament bedeutende Möglichkeiten an. Wenn Christen gemeinsam das Geheimnis und den geistlichen Reichtum ihrer Taufe wiederentdecken, wächst ihre Nähe zu Christus und zueinander; sie werden sich ihrer Zugehörigkeit zum einen Leib Christi und ihrer gemeinsamen Berufung tiefer bewusst. Die Anerkennung der Taufe des jeweils anderen bietet die Möglichkeit gemeinsamer Feiern zur Bekräftigung und zum Gedächtnis der Gnade der Taufe; in einigen Teilen der Welt wurden solche gemeinsamen Feiern bereits eingeführt.[21] In gemeinsamer Danksagung und Fürbitte bringen sie die Dankbarkeit gegenüber dem Herrn für das Geschenk der Erlösung durch die Taufe

---

[19] Vgl. UR 22.
[20] Vgl. 1 Kor 12,13; Gal 3,27.
[21] Vgl. Direktorium 96.

zum Ausdruck sowie die Bitte, gemeinsam zur vollkommenen Einheit zusammenzuwachsen.

Eine ökumenische Feier der Tauferneuerung oder des Taufgedächtnisses kann

- dort begangen werden, wo Christen verschiedener Kirchen und kirchlicher Gemeinschaften zusammen leben und arbeiten;
- eine Weise sein, die Bedeutung bestimmter Tage oder Zeiten im liturgischen Jahr hervorzuheben (zum Beispiel das Fest der Taufe des Herrn, die Oster- und Pfingstzeit);
- eine willkommene Gelegenheit für eine gemeinsame Katechese über das Geheimnis und die Wirkungen der Taufe sein.[22]

34   Die Einheit in Christus ist zuallererst eine Einheit im Glauben der Kirche und im Bekenntnis des Glaubens, das während der Taufe abgelegt wird. Christen bekennen »*einen Herrn, einen Glauben, eine Taufe*« (vgl. Eph 4,5). Dem Glauben der Kirche wurde bereits in den frühen Glaubensbekenntnissen Ausdruck verliehen, insbesondere im *Apostolischen Glaubensbekenntnis*, das das alte Taufbekenntnis der Kirche von Rom darstellt, sowie im *Nizäno-Konstantinopolitanischen Glaubensbekenntnis*, das auf die beiden ersten ökumenischen Konzilien, das Konzil von Nizäa (325 n. Chr.) und das Konzil von Konstantinopel (381 n. Chr.), zurückgeht. Die Elemente des Glaubens, die sich in diesen beiden Bekenntnissen finden lassen, bleiben den großen Kirchen und kirchlichen Gemeinschaften des Ostens und Westens gemeinsam, auch wenn sie nicht immer im selben Wortlaut bekannt wer-

---

[22] Vgl. in diesem Band »Bibliographie: Ökumenische Dokumente zur Taufe«.

den.[23] Die ›Glaubensartikel‹ sind daher ein Erkennungs- und Gemeinschaftszeichen der Gläubigen[24] und ein ›Standard der Lehre‹, der sie näher zusammenwachsen lässt. Indem Christen mit den Worten des Glaubensbekenntnisses ihren Glauben bekennen, treten sie ein in die Gemeinschaft mit Gott – dem Vater, Sohn und Heiligen Geist – und zugleich in die Gemeinschaft mit der gesamten Kirche.[25]

Gemeinsam können Christinnen und Christen
- Programme zur Glaubensbildung fördern, um zu einem tieferen Verständnis des christlichen Glaubens zu gelangen, des ›Glaubens unserer Taufe‹;
- maßgebliche Lehrtexte ihrer jeweiligen Tradition im Blick auf Fragen des Glaubens miteinander studieren;
- die Ergebnisse des ökumenischen Dialogs, durch die Fragen in Bezug auf die Lehre des Glaubens geklärt worden sind, miteinander studieren und bedenken.[26]

Die heilige Eucharistie

»Ist der Kelch des Segens, über den wir den Segen sprechen, nicht Teilhabe am Blut Christi? Ist das Brot, das wir brechen, nicht Teilhabe am Leib Christi? Ein Brot ist es. Darum sind wir viele ein Leib; denn wir alle haben teil an diesem Brot« (1 Kor 10,16–17).

---

[23] Vgl. KKK 195; KKK Kompendium Frage 35.
[24] Vgl. KKK 188.
[25] Vgl. KKK 197.
[26] Vgl. in diesem Band »Bibliographie: Ökumenische Dokumente zu Fragen des Glaubens«.

35   Durch ihre Taufe sind Christen dazu gerufen, in Jesus Christus einen einzigen Leib zu bilden;[27] in der Eucharistie findet dieser Ruf zur Einheit mit Gott und untereinander seine Erfüllung. Daher werden wir durch die wahre Aufnahme des Leibes Christi im Brechen des eucharistischen Brotes in die Gemeinschaft mit ihm und untereinander aufgenommen. Auf diese Weise »*wird jeder einzelne ein Glied an ihm*« (*vgl. 1 Kor 12, 27*), »*als einzelne aber sind wir Glieder, die zueinander gehören (Röm 12, 5)*«[28].

36   Seit frühester Zeit umfasst die Feier der Eucharistie verschiedene Gebete zur Versöhnung und für die Einheit der Kirche: »*Wie dieses gebrochene Brot zerstreut war auf den Bergen, und zusammengebracht eines geworden ist, so soll zusammengeführt werden deine Kirche von den Enden der Erde in dein Reich.*«[29] Während des eucharistischen Hochgebetes oder der *Anaphora* wird im lateinischen Ritus gebetet: »*Wir bitten dich: Schenke uns Anteil an Christi Leib und Blut und lass uns eins werden durch den Heiligen Geist*«[30]; im ostkirchlichen Ritus wird gebetet: »*Setze den Spaltungen der Kirchen ein Ende, lösch aus den Übermut der Heiden, beseitige bald den Aufruhr der Häresien durch die Kraft deines Heiligen Geistes. Uns alle nimm auf in dein Reich, indem du uns als Söhne des Lichtes und Söhne des Tages erweist. Schenke uns deinen Frieden und deine Liebe, Herr, unser Gott, denn du hast uns alles gegeben.*«[31] Für die Katechese und die liturgische Gestal-

---

[27]   Vgl. 1 Kor 12, 13.

[28]   LG 7; vgl. auch SC 48; LG 3; 11; 26.

[29]   Didache 9, 4 (aus dem zweiten Jahrhundert).

[30]   Hochgebet II des lateinischen Messbuches der katholischen Kirche.

[31]   Aus der Heiligen Anaphora der Göttlichen Liturgie unseres Vaters unter den Heiligen, Basilios des Großen, zit. nach der deutschen Textfassung in: Anastasios Kallis (Hg.), Liturgie. Die Göttliche Liturgie der Orthodoxen Kirche (Doxologie. Gebetstexte der Orthodoxen Kirche. Bd. IV), Münster ⁴2000, 238.

tung ist es angemessen, dem Geschenk der Einheit, um das die Kirche betet und welches sie in jeder eucharistischen Feier empfängt, die gebotene Aufmerksamkeit entgegenzubringen.

Die Eucharistie ist ein bevorzugter Ort für das Gebet um Einheit:

- Als Gedächtnis des Paschamysteriums von Kreuz und Auferstehung Jesu Christi ist jede Eucharistie eine Feier der Buße, Versöhnung und Einheit; daher ist es angemessen, dass diese Themen in der Wortverkündigung angesprochen werden, deren Aufgabe es ist, die Lesungen aus der Heiligen Schrift und die Gebete zu diesem innersten Geheimnis unserer Erlösung in Beziehung zu setzen.
- Votivmessen im Anliegen der christlichen Einheit, wie sie das Messbuch des lateinischen Ritus vorsieht, können nicht nur während der alljährlichen Woche des Gebetes für die Einheit der Christen, sondern auch zu anderen Anlässen während des liturgischen Jahres gefeiert werden.[32]
- Während der Eucharistie können Bitten um die Einheit in die Gebete der Gläubigen (Fürbitten) oder in die als Ektenie bekannten Bittrufe in der Liturgie des ostkirchlichen Ritus eingebunden werden.[33]
- Da jedes liturgische Fest und jede geprägte Zeit die Aufmerksamkeit auf bestimmte Dimensionen des Heilsgeheimnisses richtet, werden in der Feier der Eucharistie verschiedene Aspekte der Suche nach Einheit beleuchtet: im Advent die Sehnsucht nach der Einheit, die allein Gott zu schenken vermag; an Weihnachten die Bot-

---

[32] Vgl. Direktorium 62.
[33] Vgl. Direktorium 62.

schaft, dass das Wort Fleisch geworden ist, um alles in
Gott zu vereinen; in der Fastenzeit die Einheit in Verbindung mit Umkehr und Vergebung; an Ostern die Einheit
in dem einen auferstandenen Herrn und in der einen
Taufe; an Pfingsten die Einheit und die Gaben des Heiligen Geistes; an Allerheiligen die Einheit in der Berufung
zur Heiligkeit und im Martyrium.

37 Eucharistische und kirchliche Gemeinschaft sind innerlich aufeinander bezogen. Solange demnach grundlegende Nicht-Übereinstimmungen in Glaubensfragen bestehen
und die Bande der Gemeinschaft noch nicht voll wiederhergestellt sind, ist die gemeinsame Feier der einen Eucharistie
des Herrn noch nicht möglich. Glücklicherweise hat es
durch den ökumenischen Dialog bereits bedeutende Fortschritte in Richtung eines gemeinsamen Verständnisses der
grundlegenden Elemente des Glaubens gegeben, das auch
die wahre Bedeutung des Herrenmahls einschließt.[34] Wenn-
gleich eine volle Übereinstimmung, die die gemeinsame Feier der Eucharistie gestatten würde, noch nicht erreicht worden ist, versprechen diese ökumenischen Entwicklungen
dennoch eine weitere Annäherung und verdienen größere
Aufmerksamkeit.[35]

38 Hinsichtlich einer gemeinsamen Praxis des sakramentalen Lebens mit Angehörigen anderer Kirchen und kirchlicher Gemeinschaften hat das Zweite Vatikanische Konzil
zwei zusammengehörende grundlegende Prinzipien darge-
legt: »*die Bezeichnung der Einheit der Kirche und [...] die Teilnah-*

---

[34] Vgl. UR 15 (Ostkirchen) und UR 22 (Kirchen und kirchliche Gemeinschaften des Westens).
[35] Vgl. in diesem Band »Bibliographie: Ökumenische Dokumente
zur Eucharistie«.

me an den Mitteln der Gnade. Die Bezeichnung der Einheit verbietet meistens eine Gemeinschaft. Die Sorge um die Gnade empfiehlt sie bisweilen.«[36] Im Lichte dieser beiden Prinzipien erlaubt die katholische Kirche keine gemeinsame Eucharistie, bevor die sichtbaren Banden der kirchlichen Gemeinschaft nicht vollkommen wiederhergestellt sind. Allerdings gestattet sie unter bestimmten Umständen und Bedingungen katholischen Geistlichen unter der Autorität des Ortsbischofs, die heilige Kommunion an andere Christen auszuteilen. Genauer gesagt können katholische Geistliche die heilige Kommunion an Angehörige der Ostkirchen austeilen, wann immer diese aus eigenem Willen danach verlangen und die nötigen Voraussetzungen dafür mitbringen; sie können die heilige Kommunion an Angehörige anderer kirchlicher Gemeinschaften austeilen, wenn diese aus eigenem Willen und aufgrund eines ernsthaften Bedürfnisses danach fragen, die nötigen Voraussetzungen mitbringen und bezeugen, dass sie hinsichtlich des Sakraments den katholischen Glauben vertreten.[37] Umgekehrt gestattet die katholische Kirche ihren Mitgliedern unter bestimmten Umständen und unter bestimmten Bedingungen, die heilige Kommunion von Geistlichen anderer Kirchen zu empfangen, in denen die Eucharistie gültig gefeiert wird. Diese Bestimmungen wurden in spezifischen Richtlinien und Normen festgelegt, welche den derzeitigen Zustand der Teilung und Gemeinschaft der katholischen und anderer Kirchen sowie kirchlichen Gemeinschaften widerspiegeln.[38] Sich sorgfältig an diese Normen zu halten, ist ein angemessener Weg, das Sakrament

---

[36] UR 8.
[37] Vgl. KKK Kompendium Frage 293.
[38] Vgl. UR 8 und 15; OE 26–29; CIC Can. 844; CCEO Can. 671; Direktorium 122–128 und 129–136; *Ut unum sint* 46; *Ecclesia de eucharistia* 43–46; KKK 1398–1401.

der Eucharistie zu ehren und die Suche nach Einheit fortzusetzen.

Familien mit konfessionsverschiedenen Ehepartnern

»Die Ehen zwischen Katholiken und anderen Getauften weisen [...], wenn auch in ihrer besonderen Eigenart, zahlreiche
Elemente auf, die es zu schätzen und zu entfalten gilt, sei es
wegen ihres inneren Wertes, sei es wegen des Beitrags, den
sie in die ökumenische Bewegung einbringen können. Dies
trifft insbesondere zu, wenn beide Ehepartner ihren religiösen
Verpflichtungen nachkommen. Die gemeinsame Taufe und
die dynamische Kraft der Gnade sind in diesen Ehen für die
Gatten Grundlage und beständige Anregung, ihrer Einheit im
Bereich der sittlichen und geistlichen Werte im Leben Gestalt
zu geben.«[39]

39   Familien mit konfessionsverschiedenen Ehepartnern
sind in vielen Teilen der Welt allgegenwärtige Realität. Ohne
für die Herausforderungen blind zu sein, denen sich konfes-
sionsverschiedene Ehepaare gegenübergestellt sehen, sieht
die katholische Kirche zugleich deren inneren Wert und lädt
zur Besinnung auf den Beitrag ein, den sie gegenüber ihrer
jeweiligen Gemeinschaft zu leisten imstande sind, indem sie
ihre christliche Nachfolge treu und kreativ leben.[40] Familien
mit konfessionsverschiedenen Ehepaaren können in der Tat
einen spezifischen Beitrag zum ökumenischen Austausch
der Gaben leisten.

---

[39] *Familiaris consortio* 78.
[40] Vgl. KKK 1633–1637.

40 Die Kirche hat pastorale Richtlinien und Normen erlassen bezüglich der Ehevorbereitung und Eheschließung von konfessionsverschiedenen Paaren, der Teilnahme am sakramentalen Leben, der elterlichen Verantwortung für die Erziehung der Kinder sowie der Verantwortung des Ortsbischofs und der Seelsorger, auf die pastoralen Bedürfnisse von Familien mit konfessionsverschiedenen Paaren einzugehen.[41] Sich redlich an diese Richtlinien und Normen zu halten, bedeutet bisweilen, dass Familien mit konfessionsverschiedenen Ehepaaren das Leid der Trennung zwischen den Gemeinschaften, zu denen sie jeweils gehören, in größerem Maße empfinden. Dieselbe Redlichkeit jedoch wird ihnen helfen, am Streben nach der Wiederherstellung der Einheit zwischen diesen Gemeinschaften stärker und persönlicher Anteil zu nehmen. Den speziellen Erfahrungen von Familien mit konfessionsverschiedenen Ehepartnern sollte aus pastoraler Sicht die gebotene Aufmerksamkeit geschenkt werden, sowohl hinsichtlich der Gaben als auch der Herausforderungen, die sie in ihre Gemeinschaften einbringen.

In der Ortskirche können Familien mit konfessionsverschiedenen Ehepaaren

* ermutigt werden, als Paar oder als Familie zu beten und die Heiligen Schriften zu betrachten und auf diese Weise ihrem geistlichen Leben Nahrung zu geben;[42]
* von der Diözese oder örtlichen Gemeinde, insbesondere während der Ehevorbereitung, durch Programme unterstützt werden, die den Paaren helfen, die religiöse Überzeugung des Partners besser zu verstehen und das gemeinsame christliche Erbe zu vertiefen;[43]

---

[41] CIC Can. 1124–1129; CCEO Can. 813–816; Direktorium 143–160.
[42] Vgl. Direktorium 149.
[43] Vgl. Direktorium 149; vgl. in diesem Band »Bibliographie: Ökumenische Dokumente zu den Sakramenten«.

- dazu aufgerufen werden, sich an der Organisation oder Leitung ökumenischer Gruppen zu beteiligen, die sich zum Gebet und zum Bibelstudium treffen, oder andere Familien mit konfessionsverschiedenen Ehepaaren zu unterstützen;
- eine besondere Verantwortung bei der Vorbereitung ökumenischer Gebetsgottesdienste übertragen werden, sowohl während der Woche des Gebetes für die Einheit der Christen als auch während des übrigen Kirchenjahres;
- eingeladen werden, die kirchliche Lehre über die Förderung der christliche Einheit und die Entwicklungen, die sich aus dem ökumenischen Dialog ergeben, zu studieren und an andere zu vermitteln.

4. Sakramente der Heilung

41   Durch die Taufe werden Christen in Christus und seinen Leib, die Kirche, eingegliedert. Dieses Band der Einheit hat jedoch durch die menschliche Sünde und ihre entzweienden Auswirkungen Schaden genommen. In jedem ernsthaften Einsatz und Bekenntnis zur christlichen Einheit ruft der Geist die Christen daher auf, sich selbst vor Gott zu stellen, ihre eigenen Verfehlungen einzusehen, ihre Sünden zu bekennen und um Vergebung zu bitten, indem sie sich den Händen des Einen anvertrauen, der unser Fürsprecher beim Vater ist, Jesus Christus.[44] Das Sakrament der Buße und Versöhnung beseitigt die Risse, die durch die Sünde entstanden sind, und stellt die verletzte Verbindung mit Gott und mit der Kirche wieder her. Das Sakrament der Krankensalbung bringt den Schwerkranken und Sterbenden Heilung und

---

[44] Vgl. *Ut unum sint* 82.

verbindet sie noch inniger mit Gott und mit ihren Brüdern und Schwestern in Christus.

Unter bestimmten Umständen und unter bestimmten Bedingungen – es sind dieselben, die oben in Bezug auf die Eucharistie genannt wurden – können katholische Geistliche die Sakramente der Buße und Krankensalbung auch Angehörigen anderer Kirchen und kirchlichen Gemeinschaften spenden; umgekehrt können Katholiken diese Sakramente unter bestimmten Bedingungen auch von Geistlichen anderer Kirchen erbitten, in denen diese Sakramente gültig gespendet werden.[45]

Gemeinsam können Christinnen und Christen

- während bestimmter Zeiten des liturgischen Jahres, beispielsweise in der Fastenzeit, zu ökumenischen Versöhnungsgottesdiensten zusammenkommen, in deren Mitte biblische Lesungen der Botschaft von Vergebung und Erbarmen stehen, zur Vorbereitung auf ein Gespräch mit einem Geistlichen der je eigenen Kirche, um ihre Sünden zu bekennen und die Lossprechung zu erhalten;
- in der seelsorglichen Betreuung und Hilfe in Krankenhäusern, Gefängnissen, Flüchtlingslagern und ähnlichen Orten zusammenarbeiten und die heilende Kraft Christi zu denen, die in Not sind, bringen.[46]

---

[45] Vgl. UR 8 und 15; OE 26–29; CIC Can. 844; CCEO Can. 671; Direktorium 122–128 und 129–136.
[46] Vgl. Direktorium 204.

5. DAS LITURGISCHE JAHR

42 Im Laufe eines liturgischen Jahres wird die gesamte Heils- und Offenbarungsgeschichte gefeiert und gegenwärtig gesetzt. Obwohl sie demselben Grundriss folgen, haben die kirchlichen Traditionen im Osten und im Westen dem liturgischen Kalender eine unterschiedliche Ausformung gegeben. Sie alle feiern das Paschamysterium als das zentrale Ereignis der Heilsgeschichte, mit dem Osterfest als der jährlichen und dem Sonntag als der wöchentlichen Gedächtnisfeier von Tod und Auferstehung des Herrn.[47] Alle liturgischen Feiern, einschließlich der Feste von Heiligen und Märtyrern, kreisen um das zentrale Geheimnis der Erlösungstat Jesu Christi. Das liturgische Jahr, auch »Herrenjahr« oder »Gnadenjahr« genannt, versammelt stets von neuem alle Christen zu gemeinsamer Pilgerschaft.

43 Durch die Abfolge der geprägten Zeiten und Feste gibt das liturgische Jahr dem Leben den Christgläubigen und den christlichen Gemeinschaften Form und Gestalt und befähigt sie dazu, im Glauben und in der Liebe zu wachsen. Geistliche Ökumene findet in diesem Rahmen ihren geeigneten Raum. Viele liturgisch geprägte Zeiten und Feste bieten günstige Gelegenheiten, die Einheit der Christen ins Bewusstsein zu rücken und gemeinsam zu studieren, sich zu besinnen und zu beten.[48] In einigen Teilen der Welt gibt es bereits einen ökumenischen Jahreskalender, der auf mannigfache Gelegenheiten hinweist, die für gemeinsame geistliche Unternehmungen besonders geeignet sind.

---

[47] Es sollten daher fortlaufende Anstrengungen unternommen werden, um ein gemeinsames Datum zur Feier des Osterfestes in der westlichen und östlichen Christenheit zu finden; vgl. *SC, Anhang, Erklärung des Zweiten Vatikanischen Konzils zur Kalenderreform.*
[48] Vgl. Direktorium 60.

44 Auch wenn es keinen liturgischen Kalender gibt, der allen christlichen Kirchen und Gemeinschaften gemeinsam eigen ist, finden sich die grundlegenden christlichen Feste (wie Weihnachten, Epiphanie, Ostern und Pfingsten) in allen Traditionen in derselben zeitlichen Reihenfolge. Die folgenden Ausführungen benennen Beispiele für gemeinsame ökumenische Initiativen im Lauf des liturgischen Jahres nach dem Kalender der lateinischen Tradition in der katholischen Kirche; aber auch für Christen, die einem anderen liturgischen Kalender folgen, dürften diese Beispiele eine hilfreiche Anregung darstellen.

Advent und Weihnachten

- Advent: Vespergottesdienste mit Besinnung oder Predigt; Adventsgottesdienste mit Schriftlesungen und Gesang; ökumenisches Gebet für Familien;
- Nachmittag des Heiligen Abend (24. Dezember): Kindergottesdienst mit Schwerpunkt auf der Krippenszene der Weihnachtsgeschichte oder einem Krippenspiel;
- Weihnachtszeit: Vespergottesdienste oder ›Gemeinsames Singen‹ von ortsüblichen und traditionellen Weihnachtsliedern;
- 31. Dezember: gemeinsamer Dank- und Bittgottesdienst;
- Epiphanie (Erscheinung des Herrn, Dreikönigsfest): der in manchen Ländern übliche Brauch des »Sternsingens« – Kinder gehen, Weihnachts- und Dreikönigslieder singend, von Haus zu Haus – kann ökumenisch durchgeführt werden.

Fastenzeit und Karwoche

- Aschermittwoch oder Beginn der Fastenzeit: Vesper- oder gemeinsame Gebetsgottesdienste, die die Christen ermutigen, die traditionellen Übungen der Fastenzeit gemeinsam aufzunehmen: Gebet, Fasten und Almosen;

- Abende in der Fastenzeit: Vortrags- und Gesprächsreihe zu einem ökumenischen Thema;
- Wochentage in der Fastenzeit: Solidaritätstreffen oder -essen, das die Aufmerksamkeit auf ein Problem von allgemeinem Belang richtet oder den Menschen einer bestimmten Region Unterstützung bietet;
- Freitag von Palmsonntag und während der Karwoche: öffentlicher Kreuzweg, insbesondere für Jugendliche; Gebet, Meditation, traditionelle Gesänge zur Passion Jesu Christi.

Ostern bis Pfingsten

- Osterzeit: Vespergottesdienste mit Austausch von Osterkerzen zwischen benachbarten Gemeinden; ›Gemeinsames Singen‹ von traditionellen Osterliedern;
- Ostermontag: Gemeinsame Besinnung auf das Evangelium der Emmausjünger;
- Christi Himmelfahrt bis Pfingsten (Pfingstnovene): Woche des Gebetes für die Einheit der Christen
- Pfingstzeit: Wortgottesdienst mit ökumenischem Taufgedächtnis; Vespergottesdienste mit Predigt oder Betrachtung über den Heiligen Geist; ›Gemeinsames Singen‹ von traditionellen Heilig-Geist-Liedern.

Während des Jahres, gemäß örtsüblichen Bräuchen und Festzeiten

- Anfang Januar: gemeinsamer Gebetsgottesdienst für den Frieden;
- 18.–25. Januar: Woche des Gebetes für die Einheit der Christen;
- Ende Januar: Bibelsonntag für unterschiedliche Alters- und Gesellschaftsgruppen;
- Sonntag der Orthodoxie (erster Sonntag der Fastenzeit in der orthodoxen Kirche): Gebet für die orthodoxen

Kirchen und für die Wiederherstellung der Einheit zwischen Ost und West;

- Frühling und Frühsommer: Dankgottesdienste unter freiem Himmel für die Schöpfung und die Natur;
- Abschluss des Schuljahres: Wortgottesdienst mit Dankgebet für Gottes Segen und Wohltaten im vergangenen Jahr und Gebet für die bevorstehende Ferienzeit;
- Sommerferien: Ökumenische Pilgerreisen, Bibel-Camps für Jugendliche;
- Beginn des neuen Schuljahres: ökumenische Feier für Schüler und Lehrer, in der um Segen für das bevorstehende Schuljahr gebetet wird;
- Erntezeit: Fest der »Früchte der Erde«, um dem Schöpfer Dank und Lobpreis zu sagen;
- Reformationstag: Gebet um die Wiederherstellung der Einheit zwischen der katholischen Kirche und den Kirchen und kirchlichen Gemeinschaften der reformatorischen Tradition;
- 1. November, Allerheiligen: Vespergottesdienst mit Predigt oder Betrachtung über die gemeinsame christliche Berufung zur Heiligkeit;
- 2. November, Allerseelen: Vespergottesdienst mit Predigt oder Betrachtung zum Totengedenken der verstorbenen Angehörigen der verschiedenen Kirchen und kirchlichen Gemeinschaften;
- Tage, die dem Thema der globalen Entwicklung gewidmet sind: Gebetsgottesdienst, in deren Mittelpunkt die Anliegen von Gerechtigkeit, Frieden und Bewahrung der Schöpfung stehen;
- Buß- und Bettag: ökumenischer Gottesdienst mit dem Schwerpunkt Umkehr und Einheit;
- In Zeiten von Konflikten, Katastrophen und Krieg: gemeinsames Beten, Fasten und Almosengeben.

3. DIAKONIE UND ZEUGNIS

PFARREIEN UND ORTSGEMEINDEN

»Die Kirche zum Haus und zur Schule der Gemeinschaft zu machen, darin liegt die große Herausforderung, die in dem beginnenden Jahrtausend vor uns steht, wenn wir dem Plan Gottes treu sein und auch den tiefgreifenden Erwartungen der Welt entsprechen wollen.«[1]

45 Die Spaltung ist dort am meisten sichtbar und greifbar, wo Menschen verschiedener Kirchen und kirchlicher Gemeinschaften in Städten und Dörfern Seite an Seite miteinander leben. Mancherorts sind die Auswirkungen der Spaltung tief im kollektiven Bewusstsein und der Erinnerung der Bevölkerung verwurzelt und geben nicht selten Anlass zur Bildung paralleler und rivalisierender Strukturen im sozialen und kirchlichen Leben. Doch gerade hier tragen Pfarreien und Ortsgemeinden eine besondere Verantwortung als Wegbereiter der Aussöhnung, indem sie das Zusammenwachsen fördern und stärken. Sie können darin auf vielerlei Weise bestärkt werden.

46 Erstens können Christen Zeugnis für eine authentische Einheit in Verschiedenheit geben, indem sie eine Gemeinschaft bilden, die sich durch Frieden im Inneren auszeichnet und nicht durch interne Polemik, ideologische Polarisierung

---

[1] *Novo millennio ineunte* 43.

oder gegenseitige Schuldzuweisung auseinandergerissen wird.[2]

Überall dort, wo Christen zusammen leben oder arbeiten, können sie darin bestärkt werden,

- sich in ihrer Nachbarschaft zu treffen und im Alltag freundschaftliche Beziehungen zu vertiefen, insbesondere unter Familien;
- an ihren Arbeitsplätzen Beziehungen der Zusammenarbeit und der gemeinsamen Verantwortung zu festigen und sich gemeinsam für arbeitsbezogene und soziale Anliegen einzusetzen;
- die Werte der eigenen Tradition zum Ausdruck zu bringen und ihnen treu zu entsprechen, ohne andere dadurch herabzusetzen oder gegen sie zu polemisieren;
- Haltungen, Gesten oder Handlungen zu vermeiden, die die Gefühle von Christen verletzten könnten, die einer anderen Tradition angehören;
- gegenüber anderen Christen im alltäglichen Zusammenleben großzügig und offen zu sein und zu versuchen, unangemessene Ausdrucksformen der derzeitigen Spaltung zu überwinden.

47 Zweitens lassen sich effektive Wege der Verständigung und Zusammenarbeit der Pfarreien und Ortsgemeinden pflegen, indem deren jeweilige Seelsorger regelmäßigen Kontakt zueinander halten, zusammen mit allen, die für bestimmte Aspekte und Aufgaben im örtlichen Gemeindeleben Verantwortung tragen.

---

[2] Direktorium 67.

Gemeinsam können Ortsgemeinden und ihre Verantwortlichen

- Informationen zu größeren Ereignissen, besonderen Feiern und bestimmten Programmen veröffentlichen;
- Informationsblätter, Pressemitteilungen oder Rundbriefe herausgeben;
- zu bestimmten Anlässen Abordnungen oder Grußbotschaften austauschen (beispielsweise zu Ordinationen, Weihen oder Beerdigungen);
- einen örtlichen Kirchenrat gründen oder unterstützen, um dessen Mitgliedern zu ermöglichen, *»zusammenzuarbeiten, einen Dialog zu führen, die Trennungen und Missverständnisse zu überwinden, das Gebet zu pflegen und für die Einheit zu arbeiten und – im Rahmen des Möglichen – ein gemeinsames christliches Zeugnis zu geben und einen gemeinsamen christlichen Dienst zu leisten«*[3];
- Vereinigungen oder regelmäßige Treffen der örtlichen Seelsorger vereinfachen und unterstützen.

48   Drittens haben Pfarreien und Ortsgemeinden die Sendung zur Zusammenarbeit, um den Anforderungen der Welt von heute zu begegnen und dabei möglichst alles gemeinsam zu tun, soweit es ihnen ihr Glaube erlaubt.[4] Anstatt getrennt voneinander zu arbeiten, können Pfarreien und Ortsgemeinden sich an bereits bestehenden Programmen beteiligen, die von einer der örtlichen Kirchen oder kirchlichen Gemeinschaften ins Leben gerufen worden sind, sie können an gemeinsamen Initiativen teilnehmen und bestrebt sein, die sozialen Bemühungen aufeinander abzustimmen, so dass Verdoppelungen und unnötige Ausweitungen

---

[3]   Direktorium 166.
[4]   Direktorium 162.

der administrativen Strukturen vermieden werden können.[5] Diese ökumenische Zusammenarbeit ist nicht nur hinsichtlich der größeren Effizienz von wesentlicher Bedeutung, sondern auch um des gemeinsamen Zeugnisses und der geistlichen Ökumene willen. Sie verleiht dem Band der Einheit, das sie bereits verbindet, und der gemeinsamen Nachfolge Christi, der gekommen ist, um zu dienen (vgl. Mk 10, 45; Phil 2, 5–8), greifbaren Ausdruck.[6]

Christliche Gemeinden können gemeinsame Initiativen entwickeln

- in der Katechese und Bildungsarbeit;[7]
- in der Seelsorge für Menschen in Einrichtungen wie Krankenhäusern oder Gefängnissen, in der Armee und an der Universität;[8]
- in der Sendung an jene, die dem Evangelium Jesu Christi noch niemals begegnet sind, und in der Evangelisierung jener, deren Glauben durch die säkularisierte Gesellschaft von heute herausgefordert wird;[9]
- im Fördern der Würde der menschlichen Person;
- in der Anwendung der Prinzipien des Evangeliums auf das gesellschaftliche und kulturelle Leben;
- im Gebrauch aller denkbaren Mittel, um jenen zu helfen, die unter Hunger oder Katastrophenfällen, an Bildungsmangel und Armut, Obdachlosigkeit und der ungleichen Güterverteilung leiden;[10]

---

[5] Direktorium 163.

[6] Vgl. UR 12; vgl. in diesem Band »Bibliographie: Ökumenische Dokumente zu Mission und gemeinsamem Zeugnis«.

[7] Vgl. Direktorium 188.

[8] Vgl. Direktorium 204.

[9] Vgl. Direktorium 205–209.

[10] Vgl. UR 12; Direktorium 211–216; örtliche Gemeinschaften können solche Bemühungen auch durch Hilfs- oder Fürsorge-Organisa-

- in der Produktion oder Förderung von gemeinsamen Programmen in Funk, Fernsehen, Internet oder anderen Medien;[11]
- im gemeinsamen Einsatz für den interreligiösen Dialog, insbesondere angesichts dessen zunehmender Bedeutung in vielen Teilen der Welt.[12]

ORDENSGEMEINSCHAFTEN UND SÄKULARINSTITUTE

»Wenn nämlich die Seele der Ökumene das Gebet und die Umkehr sind, besteht kein Zweifel, dass die Institute des geweihten Lebens und die Gesellschaften des Apostolischen Lebens eine besondere Verpflichtung haben, sich dieser Aufgabe zu widmen. Es ist also dringend geboten, im Leben der Personen des geweihten Lebens dem ökumenischen Gebet und dem glaubwürdigen Zeugnis des Evangeliums mehr Raum zu geben, damit die Mauern der Trennungen und der Vorurteile zwischen den Christen durch die Kraft des Heiligen Geistes niedergerissen werden können.«[13]

49   In ihrer großen Vielfalt an geistlichen Traditionen und seelsorgerlichem Einsatz sind die Institute des geweihten Lebens und die Gesellschaften des Apostolischen Lebens für die Kirche ein Geschenk des Heiligen Geistes. Ihr Beitrag zur Förderung der geistlichen Ökumene ist innerlich bezogen auf ihre radikale Verpflichtung auf das Evangelium durch Treue zu den evangelischen Räten und ihren mannig-

---

tionen wie *Caritas Internationalis, Missio, Renovabis, Kirche in Not, Misereor* oder *Adveniat* unterstützen, welche oft ökumenisch arbeiten.

[11] Vgl. Direktorium 217–218.

[12] Vgl. Direktorium 210.

[13] *Vita consecrata* 100.

faltigen apostolischen Einsatz in Kirche und Welt.[14] Da das
Ordensleben »*die im Evangelium vorgestellte Nachfolge Christi*«[15]
als Herzmitte hat, umfasst es auch die Sehnsucht des Herrn
danach, dass »*alle eins seien*« (Joh 17,21). Im Laufe der Geschichte haben viele Ordensgründer und -gründerinnen unter dem Antrieb des Heiligen Geistes bedeutende Beiträge
zur Vertiefung christlicher Spiritualität und zur Suche nach
Einheit geleistet. Ihr Beispiel und ihre Lehre, auch wenn sie
ursprünglich in einer bestimmten Zeit und an einem bestimmten Ort verwurzelt sind, bleiben eine Quelle der In-
spiration für alle Christen.

Ordensgemeinschaften und Säkularinstitute können

*   die geistliche Ökumene festigen, indem sie die geist-
    lichen Schätze, die ihnen anvertraut sind – wie die
    Schriften und Lehren ihrer Gründer und Gründerinnen
    – allen Christen zugänglich machen;[16]
*   ihre Räumlichkeiten für ökumenische Zusammenkünf-
    te zu Gebet, Einkehrtagen und Exerzitien sowie zu Kon-
    ferenzen verschiedener Art zur Verfügung stellen; dies
    ermöglicht es ihnen auch, ihre spirituellen Traditionen
    mit ökumenischen Gästen zu teilen;[17]
*   Beziehungen zwischen Gemeinschaften verschiedener
    Traditionen entwickeln und so einen Austausch ihrer

---

[14] Vgl. Direktorium 50a.

[15] PC 2.

[16] Zum Beispiel Leben und Lehre des Basilius von Caesarea († 379),
Augustinus von Hippo († 430), Franziskus († 1226) und Klara († 1253)
von Assisi, Dominikus († 1221), Ignatius von Loyola († 1556), Teresa
von Avila († 1582), Charles de Foucauld († 1916), Mutter Teresa von
Kalkutta († 1997).

[17] Vgl. Direktorium 50c.

geistlichen und intellektuellen Quellen sowie ein Teilen ihrer Erfahrungen im apostolischen Leben anstoßen;[18]

- das ökumenische Potential von Schulen, Krankenhäusern und anderen Apostolaten ernst nehmen und beispielsweise dafür Sorge tragen, dass jeder einzelne Christ, jede einzelne Christin angemessene geistliche Begleitung erfährt, die im Einklang steht mit seiner oder ihrer eigenen Tradition und seinen oder ihren eigenen Bedürfnissen.

MONASTISCHE GEMEINSCHAFTEN

50 Monastische Gemeinschaften sind dazu berufen, Gott durch ein gemeinsames Leben zu suchen, in dessen Mittelpunkt Gebet, Opfer und Dienst stehen. Über die Jahrhunderte hinweg sind sie ein Instrument gewesen, um Christen unterschiedlicher Tradition zu helfen, näher zu Jesus Christus und zueinander zu finden. Monastische Spiritualität, die zuerst im Osten aufblühte, bildete eine wichtige Brücke zwischen den Christen des Ostens und des Westens.[19] In jüngerer Zeit sind einige Gemeinschaften monastischen Lebens mit einer ausdrücklich ökumenischen Selbstverpflichtung gegründet worden; für sie berührt die geistliche Ökumene die Herzmitte ihres Charismas und ihres täglichen Lebens.[20] Andere Gemeinschaften, die in mehr als einer Kirche oder kirchlichen Gemeinschaft gegründet wurden, verbindet ein enges Band aufgrund der Tatsache, dass sie ihre Wurzeln in

---

[18] Vgl. Direktorium 50d.

[19] Vgl. UR 15; *Vita consecrata* 101; *Orientale lumen* 9–16.

[20] Vgl. *Vita consecrata* 101. Vgl. zum Beispiel die Abtei von Chevetogne, die *Communauté de Taizé*, die Schwestern von Grandchamp, die monastische Gemeinschaft von Bose.

ein und derselben geistlichen Tradition wiederfinden.[21] Diese Gemeinschaften haben einzigartige Gelegenheiten zur Begegnung und gegenseitigen Bereicherung für Christen unterschiedlicher Tradition zu bieten, die einen gemeinsamen spirituellen Weg eingeschlagen haben.

Monastische Gemeinschaften können

- Zentren des Gebetes und der Selbsthingabe im Hinblick auf die Einheit der Christen sein;[22]
- Christen aus unterschiedlichen Traditionen Gastfreundschaft bieten und sie zu einer geistlichen Familie zusammenführen, die über die Grenzen des Klosters hinausreicht und ein Klima für Freundschaft und ökumenischen Austausch schafft;
- mit anderen Klöstern Austausche oder Besuche organisieren, um ihren Mitgliedern die Möglichkeit zu geben, mit den Besonderheiten und Schätzen der anderen Traditionen bekannt zu werden (zum Beispiel mit den koptischen, ägyptischen, syrischen, armenischen, slawischen und lateinischen monastischen Traditionen);
- gemeinsame Studien und Publikationen zu maßgeblichen Gestalten mönchischen Lebens in Ost und West und zu ihrer geistlichen Lehre fördern.[23]

---

[21] Vgl. die katholischen und orthodoxen monastischen Gemeinschaften, die nach der Überlieferung des heiligen Basilius leben, oder in der katholischen Kirche und der anglikanischen Gemeinschaft die Ordensgemeinschaften, die gemäß der Regel des heiligen Benedikt oder der Regel des heiligen Franziskus leben.

[22] Vgl. zum Beispiel das Leben von Maria Gabriella von der Einheit († 1939).

[23] Beispielsweise das Leben und die Schriften von Antonius der Große († 356), Pachomius († 346/347), Evagrius Ponticus († 399), Johannes Cassian († 432/435), Benedikt von Nursia († 547), Isaak der Syrer († Ende 7. Jh.), Gregor von Narek († ca. 1003), Simeon der Neue Theologe († 1022), Bernard von Clairvaux († 1153), Johannes vom

GEMEINSCHAFTEN UND BEWEGUNGEN
IN DER KIRCHE

»Die Mitglieder solcher Gruppen, Bewegungen und Vereinigungen sollen von einem echten ökumenischen Geist durch-
drungen sein. Um ihre Taufverpflichtung in der Welt zu leben,
indem sie die katholische Einheit durch Dialog und Gemeinschaft mit den verschiedenen Bewegungen und Vereinigungen stärken, oder die umfassendere Gemeinschaft mit anderen Kirchen und kirchlichen Gemeinschaften und mit den von
ihnen inspirierten Bewegungen und Gruppen suchen [...]«[24]

51 Viele Gemeinschaften, Bewegungen und Vereinigungen von Gläubigen wurden insbesondere in jüngerer Zeit
gegründet, jede mit einem bestimmten Charisma;[25] einige
verfolgen eine besondere Berufung zur Förderung der
christlichen Einheit und der geistlichen Ökumene. Ein gemeinsames Merkmal dieser Bewegungen ist die Aufforderung an ihre Mitglieder, ihr Taufversprechen durch ihren
täglichen Einsatz in der Familie und im sozialen und beruf-
lichen Leben inmitten der Gesellschaft zu leben. Ein Kenn-
zeichen dieser Bewegungen ist auch das Bestreben, neue
und kreative Mittel der Evangelisierung zu entwickeln. Viele
dieser Gemeinschaften geben den Armen oder gesellschaft-
lich an den Rand Gedrängten, den Verletzten oder Behinder-
ten einen vorrangigen Raum.[26] Jede diese Bewegungen auf

Kreuz († 1591), Thérèse (vom Kinde Jesu) von Lisieux († 1897), Elisabeth von der heiligsten Dreifaltigkeit († 1906), Silvanos vom Berg
Athos († 1938).

[24] Vgl. Direktorium 69.

[25] Vgl. Direktorium 52.

[26] Beispielsweise die Gemeinschaft *L'Arche Internationale*; die internationale Bewegung *ATD Fourth World*.

ihrem besonderen Weg kann der gemeinsamen Nachfolge
Jesu Christi neuen Ausdruck verleihen.

Gemeinschaften oder Bewegungen können

- Formen eines gemeinsamen ökumenischen Einsatzes
  im sozialen, politischen und kulturellen Leben entwickeln, und zwar kraft ihres Laiencharakters und der
  besonderen Verortung ihres Einsatzes;
- geeignete Zugänge suchen, um gemeinsam das Evangelium Jesu Christi zu verkünden und weiterzutragen;
- Gelegenheiten eröffnen, bei denen Laien und Klerus verschiedener Traditionen im Geist der Ökumene zusammenkommen und gemeinsam beten und arbeiten;
- ökumenische Programme zur Glaubensbildung, Wo-
  chenenden der geistlichen Besinnung, Seminare zum
  christlichen Leben organisieren;
- für Christen unterschiedlicher Traditionen einen Weg
  zeigen, wie sie ihrer real gegebenen, wenn auch unvoll-
  kommenen Einheit in Christus einen authentischen
  Ausdruck geben können, und zwar bei voller Anerkennung, ja Stärkung ihrer Verwurzelung in ihren jeweiligen christlichen Gemeinschaften.

DIE JUGEND

52 Jede neue Generation von jungen Christen erbt die Last
der Spaltungen der Vergangenheit. Ihre menschliche und
geistliche Erziehung ist – bewusst oder unbewusst – häufig
gekennzeichnet von Vorurteilen und Missverständnissen
bezüglich der getrennten christlichen Gemeinschaften. Es
ist verwirrend, die eine Botschaft des Evangeliums durch
viele widersprüchliche Stimmen zu vernehmen. Daher ist
es von allergrößter Bedeutung, dass junge Christen die Mög-

lichkeit erhalten, Freunde aus anderen christlichen Traditionen zu gewinnen, mit ihnen zusammen das Evangelium zu
lesen und zu beten und im Verständnis und der Wertschätzung ihrer besonderen Gaben zu wachsen. So bescheiden
und klein die gemeinsamen Erfahrungen auch sein mögen,
sind sie doch echte Schritte hin auf eine größere Einheit unter den Christen.

Aufgrund der Säkularisierung und auch der Uneinigkeit
unter Christen wachsen viele Jugendliche heute lediglich mit
einem matten Sinn für ihre christliche Identität und einer
schwachen Verbundenheit zu ihrer eigenen kirchlichen
Tradition auf. Die einzelnen Traditionen der Kirchen und
kirchlichen Gemeinschaften sowie die Unterscheidungen
zwischen ihnen verschwimmen in den Augen der Jugend
zunehmend oder werden irrelevant für sie. Jungen Menschen die Möglichkeit zu bieten, wahre christliche Gemeinschaft und das reiche Erbe des christlichen Glaubens
wiederzuentdecken, wird zu einer immer wichtigeren Herausforderung, vor die alle Kirchen und kirchlichen Gemeinschaften gestellt sind.

Gemeinsam können junge Christinnen und Christen

* sich vor Ort in kleinen Gruppen treffen, um ihren Glauben zu vertiefen und in ihrer gemeinsamen Hingabe an
  Jesus Christus zu wachsen;
* zusammen Versöhnungsarbeit unter ihren Altersgenos-
  sen leisten, vor allem in Regionen, wo die Beziehungen
  zwischen Christen durch die Auswirkungen aktueller
  Konflikte belastet sind;
* sich zusammen in Projekten der geistlichen Ökumene
  einsetzen, die speziell auf Jugendliche zugeschnitten
  sind, wie zum Beispiel bei Nachtwachen, Wallfahrten
  oder Jugendlagern;
* an Austauschprogrammen teilnehmen, die zwischen

christlichen Schulen, Universitäten oder Jugendbewe-
gungen organisiert werden;

- an Treffen oder Veranstaltungen teilnehmen, die von bestimmten Gemeinschaften oder Bewegungen organisiert werden und junge Christen aus verschiedenen
Regionen und kirchlichen Traditionen zusammenbrin-
gen.[27]

DIE SEELSORGER

53   Das Zweite Vatikanische Konzil hat den Bischöfen in
aller Welt die ökumenische Aufgabe zur gewissenhaften
Förderung und umsichtigen Führung anvertraut.[28] Priester,
Diakone und alle anderen, die in der Seelsorge tätig sind,
haben entsprechend ihrem Aufgabenbereich Anteil an der
ökumenischen Verantwortung des Bischofs. Das Streben
nach Einheit unter den Christen betrifft die Seelsorge in vielfältigen Bereichen, von denen viele im vorangegangenen
Text benannt worden sind. Die Verpflichtung des Strebens
nach Einheit berührt zugleich die persönliche Spiritualität
jedes in der Seelsorge Tätigen und die Art und Weise, zu
Seelsorgern anderer Traditionen in Beziehung zu treten.
Ein freundschaftliches und geschwisterliches Verhältnis
zwischen Seelsorgerinnen und Seelsorgern verschiedener
Traditionen ist Grundvoraussetzung, um eine Spiritualität
der Gemeinschaft zu fördern. Das gelebte Beispiel, das die
Seelsorger geben, ist die überzeugendste Unterweisung, die
die Gläubigen im Blick auf die Einheit der Christen empfangen können.

---

[27] Beispielsweise die *Communauté de Taizé*, die *Fokolar-Bewegung*, die
Gemeinschaft von Sant'Egidio, die Gemeinschaft *Chemin Neuf*.

[28] UR 4.

76

Seelsorgerinnen und Seelsorger können

- sich mit Seelsorgern anderer Traditionen vor Ort regelmäßig oder zu den wichtigen Zeiten im liturgischen Jahr für Zeiten des Gebetes und des geschwisterlichen Austausches treffen;[29]
- an nationalen oder internationalen Treffen für Seelsorger verschiedener Traditionen teilnehmen, wie sie zum Beispiel von einigen monastischen Gemeinschaften und von Gemeinschaften und Bewegungen in der Kirche organisiert werden;[30]
- bei wichtigen Ereignissen im persönlichen Leben oder im pastoralen Dienst von Seelsorgern anderer Traditionen, die am selben Ort leben und wirken, Solidarität zeigen;
- auf Gemeinde-, Diözesan- und Regionalebene solche Beziehungen zu Seelsorgern anderer Tradition festigen, die gegenseitiges Vertrauen, Anteilnahme und vor allem die gemeinsame Liebe zu Christus und der Kirche unter Beweis stellen.

---

[29] Beispielsweise die regelmäßigen Treffen katholischer und orthodoxer Bischöfe in bestimmten Städten des Westens und Osten; die jährlichen Treffen der katholischen und anglikanischen Bischöfe in einigen Regionen zum Austausch über relevante pastorale Aufgaben.
[30] Beispielsweise die ökumenischen Treffen der bischöflichen *Freunde der Fokolar-Bewegung*; die ökumenischen Treffen für Bischöfe und Klerus, die von der *Gemeinschaft von Sant'Egidio* organisiert werden.

77

SCHLUSSBEMERKUNG

54 Dieser *Wegweiser Ökumene und Spiritualität* schließt mit den Worten des Zweiten Vatikanischen Konzils im Dekret über den Ökumenismus, dass »*dieser heilige Vorsatz, alle Christen in der Einheit der einen und einzigen Kirche Christi wiederzuversöhnen, die menschlichen Kräfte und Fähigkeiten übersteigt. Deswegen setzt [die Hochheilige Synode] ihre Hoffnung völlig auf das Gebet Christi für die Kirche, auf die Liebe des Vaters uns gegenüber und auf die Kraft des Heiligen Geistes. ›Die Hoffnung aber trügt nicht; denn die Liebe Gottes ist ausgegossen in unseren Herzen durch den Heiligen Geist, der uns gegeben ist‹ (Röm 5,5).*[1]

---

[1] UR 24.

Bibelstellenregister

Abkürzungen und zitierte Ausgaben

Texte des Zweiten Vatikanischen Konzils

DV *Dei Verbum.* Dogmatische Konstitution über die göttliche Offenbarung

LG *Lumen gentium.* Dogmatische Konstitution über die Kirche

PC *Perfectae caritatis.* Dekret über die angemessene Erneuerung des Ordenslebens

OE *Orientalium ecclesiarum.* Dekret über die katholischen Ostkirchen

UR *Unitatis redintegratio.* Dekret über den Ökumenismus

Die Texte des Zweiten Vatikanischen Konzils sind auf Deutsch wiedergegeben nach der Übersetzung in: *Die Dokumente des Zweiten Vatikanischen Konzils. Konstitutionen, Dekrete, Erklärungen.* Lateinisch-deutsche Studienausgabe. Herders Theologischer Kommentar zum Zweiten Vatikanischen Konzil. Herausgegeben von PETER HÜNERMANN und BERND JOCHEN HILBERATH, Band I. Freiburg im Breisgau 2004.

Codices und Katechismus der katholischen Kirche

CCEO *Codex Canonum Ecclesiarum orientalium.* Gesetzbuch der katholischen Ostkirchen [1990] [Lateinisch-deutsche Ausgabe. Herausgegeben von LIBERO GEROSA und PETER KRÄMER. Übersetzt von GERD LUDWIG und JOACHIM BUDIN, grundlegend bear-

beitet von SABINE DEMEL, LIBERO GEROSA, PETER
KRÄMER und LUDGER MÜLLER. Paderborn 2000]

CIC   *Codex Iuris Canonici*. Codex des kanonischen Rechtes
[1983] [Lateinisch-deutsche Ausgabe mit Sachver-
zeichnis, im Auftrag der Deutschen Bischofskonferenz (u.a.), Kevelaer ⁵2001]

KKK   *Katechismus der Katholischen Kirche* [1993] [Neuüber-
setzung aufgrund der editio typica latina), Leipzig
2003]

KKK Kompendium *Katechismus der Katholischen Kirche. Kompendium.* Herausgegeben von der Deutschen
Bischofskonferenz, Augsburg 2005

Schreiben Papst JOHANNES PAULS II.

Ecclesia de eucharistia Enzyklika über die Eucharistie in ihrer
Beziehung zur Kirche [17. April 2003] [Verlautbarungen
des Apostolischen Stuhls 159, hg. vom Sekretariat der
Deutschen Bischofskonferenz, Bonn ³2003]

Familiaris consortio Apostolisches Schreiben über die Aufgaben der christlichen Familie in der Welt von heute
[22. November 1981] [Verlautbarungen des Apostolischen Stuhls 119, hg. vom Sekretariat der Deutschen
Bischofskonferenz, Bonn ⁵1994]

Novo millennio ineunte Apostolisches Schreiben zum Abschluss des großen Jubiläums des Jahres 2000 [6. Januar
2001] [Verlautbarungen des Apostolischen Stuhls 150,
hg. vom Sekretariat der Deutschen Bischofskonferenz,
Bonn 2001]

Orientale lumen Apostolisches Schreiben zum hundertsten
Jahrestag des Apostolischen Schreibens *Orientalium
dignitatis* von Papst Leo XIII [2. Mai 1995] [Verlaut-

barungen des Apostolischen Stuhls 121, hg. vom Sekretariat der Deutschen Bischofskonferenz, Bonn 1995]

Redemptoris mater Enzyklika über die selige Jungfrau Maria
im Leben der pilgernden Kirche [25. März 1987] [Ver-
lautbarungen des Apostolischen Stuhls 75, hg. vom
Sekretariat der Deutschen Bischofskonferenz, Bonn
1987]

Tertio millennio adveniente Apostolisches Schreiben zur Vorbereitung auf das Jubeljahr 2000 [10. November 1994]
[Verlautbarungen des Apostolischen Stuhls 119, hg. vom
Sekretariat der Deutschen Bischofskonferenz, Bonn
1996]

Ut unum sint Enzyklika über den Einsatz für die Ökumene
[25. März 1995] [Verlautbarungen des Apostolischen
Stuhls 121, hg. vom Sekretariat der Deutschen Bischofskonferenz, Bonn 1995]

Vita consecrata Nachsynodales Apostolisches Schreiben über
das geweihte Leben in der Kirche und seine Sendung in
der Kirche [25. März 1996] [Verlautbarungen des Apostolischen Stuhls 125, hg. vom Sekretariat der Deutschen
Bischofskonferenz, Bonn 1996]

Päpstlicher Rat
zur Förderung der Einheit der Christen

Direktorium Päpstlicher Rat zur Förderung der Einheit der
Christen, *Direktorium zur Ausführung der Prinzipien und
Normen über den Ökumenismus* [25. März 1993] [Aus dem
amtlichen französischen Urtext ins Deutsche übertra-
gen vom Johann-Adam-Möhler-Institut für Ökumenik,
Paderborn. Herausgegeben vom Sekretariat der Deut-
schen Bischofskonferenz Bonn. Verlautbarungen des
Apostolischen Stuhls 110]

IS Päpstlicher Rat zur Förderung der Einheit der Christen, *Information Service* Bulletin

Kongregation für den Gottesdienst und die Sakramentenordnung

Redemptionis sacramentum Instruktion der Kongregation für den Gottesdienst und die Sakramentenordnung über einige Dinge bezüglich der heiligsten Eucharistie, die einzuhalten und zu vermeiden sind [25. März 2004]

Textsammlungen

DenzH HEINRICH DENZINGER, *Enchiridion symbolorum et declarationum de rebus fidei et morum* / Kompendium der Glaubensbekenntnisse und kirchlichen Lehrentscheidungen. Herausgegeben von PETER HÜNERMANN, Freiburg – Basel – Wien 2001

DwÜ I *Dokumente wachsender Übereinstimmung I (1931–1982).* Sämtliche Berichte und Konsenstexte interkonfessioneller Gespräche auf Weltebene, hg. und eingel. von H. MEYER, D. PAPANDREOU, H. J. URBAN und L. VISCHER, Frankfurt, Paderborn ²1991

DwÜ II *Dokumente wachsender Übereinstimmung II (1982–1990),* Sämtliche Berichte und Konsenstexte interkonfessioneller Gespräche auf Weltebene, hg. von J. GROS, H. MEYER and W. G. RUSCH, Frankfurt, Paderborn 1992

DwÜ III *Dokumente wachsender Übereinstimmung III (1990–2001),* hg. und eingel. von H. MEYER, D. PAPANDREOU, H. J. URBAN und L. VISCHER, Frankfurt, Paderborn 2003

Bibliographie
ökumenischer Dokumente

Die Auflistung umfasst Dokumente, die das Ergebnis des internationalen ökumenischen Dialogs sind, in dem die katholische Kirche sich engagiert hat und die auf spezifische Aspekte der ›geistlichen Ökumene‹ verweisen. Die Auflistung nennt weder alle hochrangigen ökumenischen Dokumente, noch spiegelt sie deren besondere Lehrautorität wider; einige Dokumente sind offiziell von den zuständigen Autoritäten der katholischen Kirche anerkannt worden, während andere noch Bestandteil eines fortdauernden Prozesses von Studium und Dialog sind. Da viele Dokumente sich mit Problemen beschäftigen, die nicht getrennt voneinander zu betrachten sind, bleibt die hier getroffene Einteilung nur ein Versuch; verschiedene Dokumente könnten ebenso unter anderen Überschriften aufgeführt werden.

Die meisten Dokumente können über den *Information Service* des Päpstlichen Rates zur Förderung der Einheit der Christen eingesehen werden und auf Deutsch in den Textsammlungen *Dokumente wachsender Übereinstimmung Bd. I bis III* (DwÜ I–III, siehe »Abkürzungen und zitierte Ausgaben«).[1]

---

[1] Alle Dokumente, die die katholische Kirche auf internationaler Ebene betreffen, können auch über die Internetseite des *Centro Pro Unione* abgerufen werden: www.prounione.urbe.it

Ökumenische Dokumente zu Fragen des Glaubens

Gemeinsame Erklärungen zur Christologie und zu anderen
doktrinalen Fragen, gemeinsam unterzeichnet oder anerkannt vom Bischof von Rom und den Führern einzel-
ner orientalisch-orthodoxer Kirchen (gemeinsam unterzeichnet durch Papst Paul VI. und den Patriarchen Papst
Shenouda III. im Jahr 1973; durch Papst Paul VI. und Patriarch Mar Ignatius Jacoub III. im Jahr 1971; durch Papst
Johannes Paul II. und Patriarch Mar Ignatius Zakka I.
Iwas im Jahr 1984; durch Papst Johannes Paul II. und
Katholikos Karekin I. von Etchmiadzin im Jahr 1996;
durch Papst Johannes Paul II. und Katholikos Aram I.
von Kilikien im Jahr 1997; u. a. gemeinschaftlich anerkannt durch Papst Johannes Paul II. und Katholikos Mar
Thoma Mathews II. im Jahr 1990).

*Gemeinsame christologische Erklärung der Katholischen Kirche und
der Assyrischen Kirche des Ostens* 1994, unterzeichnet wurde sie von Papst Johannes Paul II. und Patriarch Mar
Dinkha, Führer der Assyrischen Kirche des Ostens
[DWÜ III, 596–601].

Der Begriff der »Hierarchie der Wahrheiten« – Eine ökumenische
Interpretation. Ein von der Gemeinsamen Arbeitsgruppe der Römisch-Katholischen Kirche, und des Ökumenischen Rates der Kirchen in Auftrag gegebenes und
entgegengenommenes Studiendokument 1990 [DWÜ
II, 751–760].

Das Wort des Lebens: Eine Erklärung zu Offenbarung und
Glauben. Bericht der Gemeinsamen Kommission für
den Dialog zwischen der Römisch-Katholischen Kirche
und dem Weltrat Methodistischer Kirchen (»Rio de
Janeiro«-Bericht), 1995 [DWÜ III, 469–506].

Alle unter einem Christus. Stellungnahme der Gemeinsamen
Römisch-katholischen/Evangelisch-lutherischen Kom-

mission zum Augsburgischen Bekenntnis, 1980 [DWÜ I, 323–328].

Gemeinsame Erklärung zur Rechtfertigungslehre des Lutherischen Weltbundes und der Katholischen Kirche, Augsburg 1997/1999. Dieser Text wurde durch die Unterzeichnung der *Gemeinsamen offiziellen Feststellung* des Lutherischen Weltbundes und der Katholischen Kirche vom 11. Juni 1999 offiziell bestätigt, die für die katholische Kirche mit der Zustimmung der Glaubenskongregation von Kardinal Edward Cassidy und Bischof Walter Kasper, für den Lutherischen Weltbund von Bischof Christian Krause und Dr. Ishmael Noko, zusammen mit anderen lutherischen Vertretern, unterzeichnet wurde. Im Jahr 2006 hat sich das *World Methodist Council* der *Gemeinsame Erklärung zur Rechtfertigung* offiziell angeschlossen.

Gemeinsam den einen Glauben bekennen. Eine ökumenische Auslegung des apostolischen Glaubens, wie er im Glaubensbekenntnis Nizäa-Konstantinopel (381) bekannt wird, Frankfurt am Main ²1993.

Ökumenische Dokumente zu den Sakramenten der christlichen Initiation

Die Lehre von der Eucharistie (»Windsor-Erklärung«). Anglikanisch/Römisch-katholischer Dialog 1971 [DWÜ I, 139–142].

Vers une même foi eucharistique? Groupe des Dombes 1972.[2]

Die Theologie der Ehe und das Problem der konfessionsverschiedenen Ehe. Schlussbericht der Römisch-katholischen/

---

[2] Die Texte der *Groupe des Dombes* bilden das Ergebnis eines inoffiziellen Dialogs zwischen katholischen und protestantischen Theologen unter Anwesenheit von Orthodoxen.

Lutherischen/Reformierten Studienkommission 1976
[DWÜ I, 359–387].

Das Herrenmahl. Bericht der Gemeinsamen Römisch-Katholischen/Evangelisch-lutherischen Kommission 1978
[DWÜ I, 271–295].

Le Saint-Esprit, l'Eglise et les Sacrements, Groupe des Dombes
1976.

Taufe, Eucharistie und Amt. Konvergenzerklärungen der Kommission für Glauben und Kirchenverfassung des Ökumenischen Rates der Kirchen (»Lima-Dokument«) 1982
[DWÜ I, 545–585].

Das Geheimnis der Kirche und der Eucharistie im Licht des Geheimnisses der Heiligen Dreifaltigkeit. Dokument der gemischten internationalen Kommission für den theologischen Dialog zwischen der Römisch-Katholischen Kirche und der Orthodoxen Kirche, München 1982
[DWÜ II, 531–541]

Glaube, Sakramente und Einheit der Kirche. Dokument der gemischten internationalen Kommission für den theologischen Dialog zwischen der Römisch-Katholischen Kirche und der Orthodoxen Kirche, Bari 1987 [DWÜ II, 542–553].

Ekklesiologische und ökumenische Implikationen einer gemeinsamen Taufe, Ökumenischer Rat der Kirchen/Römisch-Katholische Kirche, gemeinsame Arbeitsgruppe 2005.

Ökumenische Dokumente über die Kirche

Wege zur Gemeinschaft. Gemeinsame Römisch-katholische/Evangelisch-lutherische Kommission 1980 [DWÜ I, 296–322].

Das Heil und die Kirche. Gemeinsame Erklärung der zweiten

Anglikanisch/Römisch-Katholischen Internationalen
Kommission 1987 [DWÜ II, 333–348].
Bericht der Gemeinsamen Kommission der Römisch-Ka-
tholischen Kirche und des Weltrates Methodistischer
Kirchen 1985 (»Nairobi Bericht«) [DWÜ II, 507–525].
Pour la communion des Eglises, Groupe des Dombes 1988.
Perspektiven der Koinonia. Bericht von der dritten Fünf-Jahres-
Reihe des Dialogs zwischen dem Päpstlichen Rat zur
Förderung der Einheit der Christen der Römisch-Ka-
tholischen Kirche und einigen klassischen Pfingstkir-
chen und deren Leitern 1985–1989 [DWÜ II, 599–622].
Auf dem Weg zu einem gemeinsamen Verständnis von Kirche. In-
ternationaler Reformiert/Römisch-katholischer Dialog.
Zweite Phase 1984–1990 [DWÜ II, S. 623–676].
Die Kirche: Lokal und universell. Ein von der Gemeinsamen
Arbeitsgruppe der Römisch-Katholischen Kirche und
des Ökumenischen Rates der Kirchen in Auftrag gege-
benes und entgegengenommenes Studiendokument
1990 [DWÜ II, 732–750].
Kirche als Gemeinschaft. Gemeinsame Erklärung der Zweiten
Anglikanisch/Römisch-Katholischen Internationalen
Kommission 1990 [DWÜ II, 351–373].
Pour la conversion des Eglises. Groupe des Dombes 1991.
Die Kirche als Gemeinschaft in Christus. Bericht über die zweite
Phase des internationalen Dialogs zwischen den »Dis-
ciples of Christ« und der Römisch-Katholischen Kirche,
1983–1992 [DWÜ III, 290–305].
*Kirche und Rechtfertigung. Das Verständnis der Kirche im Licht der
Rechtfertigungslehre.* Bericht der Gemeinsamen Römisch-
katholischen/Evangelisch-lutherischen Kommission
1993 [DWÜ III, 317–419].
Kirche, Evangelisierung und die Bande der Koinonia. Weltbund
der Evangelikalen/Römisch-Katholischer Dialog 1993–
2002.

The Nature and the Mission of the Church. Ökumenischer Rat der Kirchen/Römisch-Katholischer Dialog. Kommission für Glauben und Kirchenverfassung 2005.

The Grace Given You in Christ: Catholics and Methodists Reflect Further on the Church (»Seoul-Bericht«), Methodistischer/ Römisch-Katholischer Dialog 2006.

Ökumenische Dokumente über Maria und die Gemeinschaft der Heiligen

Maria: Gnade und Hoffnung in Christus. Anglikanisch/Römisch-Katholischer Dialog 2005.

Marie dans le dessein de Dieu et la communion des saints. Groupe des Dombes 1997–1998.

Communio Sanctorum. Die Kirche als Gemeinschaft der Heiligen, hg. von der bilateralen Arbeitsgruppe der Deutschen Bischofskonferenz und der Kirchenleitung der Vereinigten Evangelisch-Lutherischen Kirche Deutschland 2000.

Ökumenische Dokumente zur Mission und zum gemeinsamen Zeugnis

Bericht der Gemeinsamen Kommission der Römisch-Katholischen Kirche und des Weltrates Methodistischer Kirchen (»Dublin-Bericht«), 1976 [DWÜ I, 423–453].

Aufforderung zum Christuszeugnis in der heutigen Welt. Bericht über die internationalen baptistisch/römisch-katholischen Gespräche, 1984–1988, [DWÜ II, 374–391].

Der Dialog über Mission zwischen Evangelikalen und der Römisch-Katholischen Kirche (ERCDOM), 1977–1984 [DWÜ II, 392–443].

Evangelisation, Proselytismus und gemeinsames Zeugnis. Abschlussbericht der vierten Phase des internationalen Dialogs zwischen der Römisch-Katholischen Kirche und einigen klassischen pfingstlichen Kirchen und Leitern, 1990–1997, [DWÜ III, 602–638].

Die Herausforderung des Proselytismus und die Berufung zu gemeinsamem Zeugnis, 1995 [DWÜ III, 699–711].

Receiving and Handing on the Faith: The Mission and Responsibility of the Church. »Disciples of Christ«/Römisch-Katholischer Dialog 2002.

Ökumenische Dokumente zum Leben in Christus

Die Gegenwart Christi in Kirche und Welt. Schlussbericht des Dialogs zwischen Reformiertem Weltbund und dem Sekretariat für die Einheit der Christen, 1977 [DWÜ I, 487–517].

Leben in Christus: Moral, Gemeinschaft und die Kirche. Bericht über den internationalen anglikanisch/römisch-katholischen Dialog, Wien, 5. September 1993 [DWÜ III, 225–259].

Der ökumenische Dialog über ethisch-moralische Fragen: Potentielle Quellen des gemeinsamen Zeugnisses oder der Spaltung, 1995 [DWÜ III, 682–698].

Ökumenische Dokumente zum Heiligen Geist und der christlichen Gemeinde

Abschlussbericht des Dialogs zwischen dem Sekretariat für die Einheit der Christen der Römisch-Katholischen Kirche und leitenden Vertretern einiger Pfingstkirchen sowie Persönlichkeiten, die sich in der Charismatischen

Bewegung innerhalb der evangelischen und anglikanischen Kirchen beteiligen, 1972–1976 [DWÜ I, 476–486].

Bericht der Gemeinsamen Kommission der Römisch-Katholischen Kirche und des Weltrates Methodistischer Kirchen (»Honolulu-Bericht«), 1981 [DWÜ I, 454–475].

Walter Kardinal Kasper

Geboren am 5. März 1933

6. April 1957 Priesterweihe im Dom zu Rottenburg

1964 Berufung auf den Lehrstuhl für Dogmatik, Münster; 1970 Professor für Dogmatik, Tübingen

1972–1975 Mitarbeiter bei der Würzburger Synode der bundesdeutschen Bistümer

1979 Konsultor des Päpstlichen Rates zur Förderung der Einheit der Christen und Vertreter der Katholischen Kirche in der Kommission für Glaube und Kirchenverfassung des Weltrates der Kirchen (ÖRK).

1989–1999 Bischof von Rottenburg Stuttgart

1999 Sekretär des Päpstlichen Rates zur Förderung der Einheit der Christen und Vize-Präsident der Päpstlichen Kommission für die religiösen Beziehungen zum Judentum

2001 Kardinalserhebung, Präsident des Päpstlichen Rates zur Förderung der Einheit der Christen und der Kommission für die religiösen Beziehungen zum Judentum, Mitglied der Kongregationen für die Glaubenslehre und für die Orientalischen Kirchen.

Päpstlicher Rat zur Förderung der Einheit der Christen

Lateinisch *Pontificium Consilium ad Unitatem Christianorum Fovendam*, gegründet am 5. Juni 1960 durch Papst Johannes XXIII. unter dem Namen »Sekretariat zur Förderung der Einheit der Christen« als Vorbereitungskommission für das Zweite Vatikanische Konzil. Während des Konzils hatte das Sekretariat maßgeblichen Anteil am Entstehen der Konzilsdokumente *Unitatis redintegratio, Nostra aetate* und *Dignitatis humanae.*

Nach dem Ende des Konzils bestätigte Paul VI. das Sekretariat als ständige Einrichtung des Apostolischen Stuhles. Durch die Apostolische Konstitution *Pastor Bonus* vom 28. Juni 1988 erhielt das Sekretariat seinen heutigen Namen.

Aufgaben des Rates sind:

* gemäß dem Ökumenismusdekret *Unitatis redintegratio* einen authentischen ökumenischen Geist innerhalb der katholischen Kirche zu fördern; diesem Zweck diente die Veröffentlichung des *Direktoriums zur Ausführung der Prinzipien und Normen über den Ökumenismus* (1993, vorher 1967 und 1970);

* den Dialog und die Zusammenarbeit mit anderen Kirchen und christlichen Weltgemeinschaften zu fördern, seit seiner Errichtung um eine Zusammenarbeit mit dem Ökumenischen Rat der Kirchen (ÖRK) in Genf bemüht; seit 1968 arbeiten zwölf katholische Theologen vollverantwortlich in der »Kommission für Glauben und Kirchenverfassung« des ÖRK mit;

* katholische Beobachter für die verschiedenen ökumenischen Versammlungen zu benennen und im Gegenzug Beobachter oder »geschwisterliche Delegierte« anderer Konfessionen zu wichtigen Ereignissen der katholischen Kirche einzuladen.

Bücher zur Ökumene

WALTER KARDINAL KASPER

Wege der Einheit

Perspektiven für die Ökumene
256 Seiten, gebunden mit Schutzumschlag
ISBN 978-3-451-28601-8

Zwischenbilanz in Sachen Ökumene: Der Vorsitzende des päpstlichen Ökumene-Rates beschreibt Aufgaben und Leitidee der Ökumene aus katholischer Sicht. Er markiert zentrale Stationen der erreichten Verständigung mit den Kirchen der Reformation und den Ostkirchen. Die offenen Fragen werden benannt, nicht zuletzt im Blick auf das umstrittene Amt des Papstes. Walter Kardinal Kasper macht Mut zu Dialog: Es gibt kein Zurück hinter die Ökumene; in ihr geht es um nichts weniger als um die Zukunftsgestalt der Kirche.

MICHAEL MEYER-BLANK / WALTER FÜRST (Hg.)

Typisch katholisch – Typisch evangelisch

Ein Leitfaden für die Ökumene im Alltag
Aktualisierte Neuausgabe
Mit 20 ganzseitigen Motiven aus der bildenden Kunst
ca. 320 Seiten, Klappenbroschur

In diesem Leitfaden wird das ökumenische Miteinander in 18 Themen zur Sprache gebracht. Jeweils ein evangelischer und ein katholischer Experte behandeln ein Thema aus der Sicht ihrer Konfession. Eine hervorragende Orientierungshilfe für alle Haupt- und Ehrenamtlichen in Gemeinde, Schule und Erwachsenenbildung. Ein ausführliches Glossar am Ende des Buches erklärt typische Begriffe aus beiden Kirchen.

HERDER